新时代·新农民·新财务：助力乡村全面振兴财务系列教材

农民专业合作社会计实务

张祺 玉秋兰 陈园 主 编

王若瑜 韦馨 赵婉辰 莫海玲 副主编

谢沛善 主 审

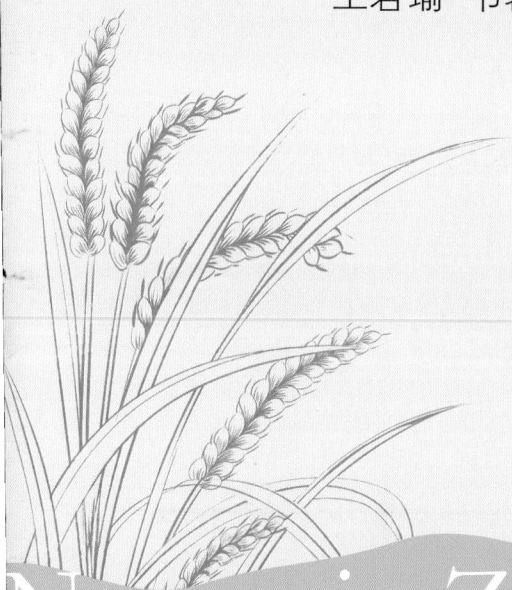

Nongmin Zhuanye

Hezuoshe

Kuaiji Shiwu

东北财经大学出版社
Dongbei University of Finance & Economics Press

新时代·新农民·新财务：助力乡村全面振兴财务系列教材

农民专业合作社会计实务

张祺　玉秋兰　陈园　主　编

王若瑜　韦馨　赵婉辰　莫海玲　副主编

谢沛善　主　审

Nongmin Zhuanye

Hezuoshe

Kuaiji Shiwu

东北财经大学出版社
Dongbei University of Finance & Economics Press

大连

图书在版编目（CIP）数据

农民专业合作社会计实务 / 张祺，玉秋兰，陈园主编. —大连：东北财经大学出版社，2025.6.—（新时代·新农民·新财务：助力乡村全面振兴财务系列教材）. —ISBN 978-7-5654-5686-2

Ⅰ. F302.6

中国国家版本馆 CIP 数据核字第 2025MP4124 号

农民专业合作社会计实务

NONGMIN ZHUANYE HEZUOSHE KUAIJI SHIWU

东北财经大学出版社出版

（大连市黑石礁尖山街217号　邮政编码　116025）

网　　址：http://www.dufep.cn

读者信箱：dufep@dufe.edu.cn

大连天骄彩色印刷有限公司印刷　　东北财经大学出版社发行

幅面尺寸：185mm×260mm　　　字数：250千字　　　印张：11.5

2025年6月第1版　　　　　　　2025年6月第1次印刷

责任编辑：魏　巍　赵宏洋　　　　　责任校对：那　欣

封面设计：原　皓　　　　　　　　　版式设计：原　皓

书号：ISBN 978-7-5654-5686-2　　　定价：49.00元

前　言

党的二十大报告提出："全面推进乡村振兴。"随着乡村振兴战略的全面推进，农民专业合作社作为连接小农户与现代农业的重要纽带，在推动农业产业化、促进农民增收中发挥着日益关键的作用。规范化的会计核算不仅是合作社稳健运营的基础，更是保障成员权益、实现可持续发展的重要支撑。为适应新时代农业农村发展需求，培养兼具专业能力与职业素养的合作社财务会计人才，编写团队以习近平新时代中国特色社会主义思想为指导，认真贯彻落实习近平总书记关于"三农"工作的重要论述，结合基层实践编写了本书。

本书以"业财融合、德技并修"为核心理念，旨在帮助学习者：

（1）系统掌握农民专业合作社财务会计工作框架：从合作社特征、会计基础到设立清算全流程核算，构建完整的知识体系。

（2）强化实务操作能力：通过真实案例解析、仿真实训和项目驱动，提升凭证处理、账簿登记、报表编制等核心技能。

（3）深化职业价值认同：融入依法核算、服务"三农"、诚信保密等职业素养要求，培养扎根乡村、助力振兴的责任意识。

本书围绕数智化财务会计人员职业技能要求，深入推动校地合作与产教融合，以"工作项目驱动—理论实务融合—职业价值引领—人才培养"闭环为设计理念进行编写，与传统的会计教材相比，具有以下特点：

1. 政策与实践深度结合，构建"法规+场景"知识体系

本书以《中华人民共和国农民专业合作社法》《农民专业合作社会计制度》为核心依据，将土地经营权入股、财政补助核算、盈余分配机制等政策要点融入农民专业合作社的真实案例中；围绕农民专业合作社全生命周期（设立、运营、清算），设计"成员注资—资产购置—成本归集—盈余分配—税务处理—清算注销"的完整业务链。

2. 构建标准化核算体系，破解核算重点难点

本书以实务导向和标准化设计为框架，针对农民专业合作社重点、难点业务，设计标准会计分录，构建完整的会计核算体系；同时，提供"资产负债表""成员权益变动表""盈余及盈余分配表"等模板，强化实务对接能力。

3. 岗课融通设计，强化职业能力闭环

本书以农民专业合作社会计岗位典型任务为单元，设计"学—练—评"三阶任务。通过"项目导入—知识学习—项目实施—项目评价"等环节，强化学生对农民专业合作社会计岗位的理解，全面提升学生的实践应用能力。

4.思政元素浸润式渗透，厚植"三农"情怀

本书在每个项目中嵌入"德技并修"栏目，提炼依法核算、诚信保密、权益保护意识等"德育要素"，同时针对案例进行"职业点拨"，展现乡村会计工作的社会价值，提高乡村会计工作者的职业素养。

5.数字化资源立体配套，打造混合式学习生态

本书设计了丰富的数字资源，特别配套"农民专业合作社会计实务"在线课程资源，通过"理论难点动态解析+实务操作沉浸演练"双模块学习，帮助学生精准攻克知识难点，让复杂的会计知识在碎片化学习中触手可及。

本书由广西金融职业技术学院张祺、玉秋兰、陈园任主编；广西金融职业技术学院王若瑜、韦馨、赵婉辰，广西财税科学应用研究会莫海玲任副主编，广西农业职业技术大学何一冬、财信众联会计服务（广西）有限公司龙凌参编。具体编写分工如下：张祺编写项目一，玉秋兰编写项目二，韦馨编写项目三，陈园编写项目四，王若瑜编写项目五，何一冬、龙凌编写项目六，莫海玲编写项目七，赵婉辰编写项目八。广西金融职业技术学院谢沛善对全书内容进行了审核。

本书在编写过程中参考了有关专家学者的论著，并引用了部分内容，在此深表感谢。本书适用于职业院校农业经济管理、财务会计类专业学生，也可作为农民专业合作社财务人员、农村创业者的岗位培训用书。初学者可通过基础章节构建认知框架，从业者可借助实务模块解决复杂业务难题，管理者可从中获取财务决策支持思路。

乡村振兴的伟大实践不断为本书内容注入新内涵，虽然经历多次探讨、斟酌与修改，但本书依然可能存在疏漏之处，欢迎各界同仁提出宝贵建议，共同完善具有中国特色的农民专业合作社会计工作知识体系。

愿本书成为读者探索农民专业合作社会计工作的钥匙，在服务"三农"的征程中书写专业价值，为农业农村现代化会计工作贡献力量。

编 者
2025 年 4 月

目　录

数字资源目录

续表

项目一 农民专业合作社会计工作认知

学习目标

知识目标

1.掌握农民专业合作社的基本概念及特征。
2.理解农民专业合作社的基本原则。
3.熟悉农民专业合作社会计核算的岗位设置和核算内容、基本要求。
4.掌握会计等式、会计科目和账户。
5.掌握会计凭证、会计账簿和会计档案。

技能目标

1.能运用会计等式进行简单业务处理。
2.能填写会计凭证、会计账簿和会计档案。
3.能办理会计档案保管和移交。

素养目标

1.树立依法建账、规范核算的职业意识。
2.培养服务"三农"、助力乡村全面振兴的社会责任感。
3.强化会计人员的诚信意识和保密观念。
4.培养团队协作与沟通协调能力。

【知识导图】

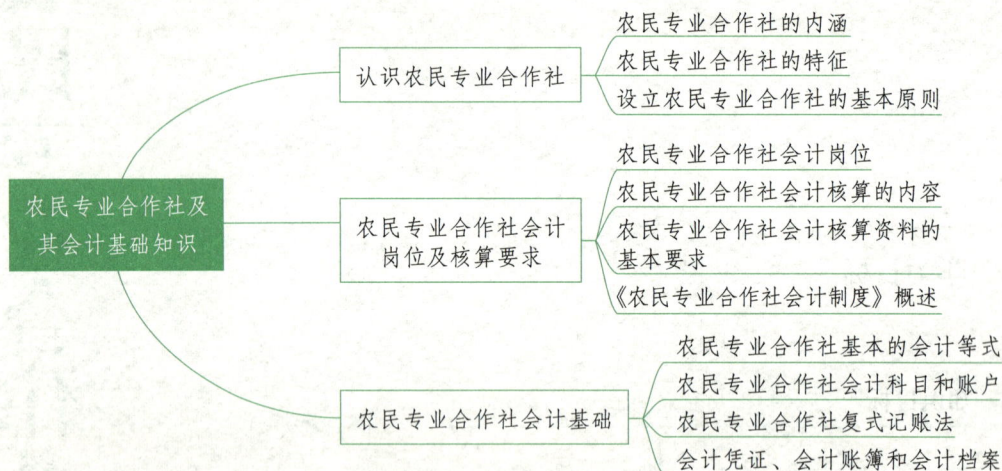

【项目导入】

在乡村全面振兴战略支持下，2025年3月，李家庄15户村民联合成立了绿丰种植专业合作社，主要从事有机蔬菜种植和销售等业务，成员包括种植大户、农机手和电商运营人员。

思考：

（1）绿丰种植专业合作社需要设置哪些会计核算岗位和会计账户？

（2）绿丰种植专业合作社需要建立哪些会计账簿？

任务一　认识农民专业合作社

知识精讲1-1

认识农民专业合作社

一、农民专业合作社的内涵

随着科技进步、政策支持和社会需求变化等多方面因素的发展，我国各种类型的农村合作组织也迅速发展，并逐步出现了多种形式的农民专业合作社。但是，只有从事经营活动的实体型农民合作经济组织才是农民专业合作社。

根据《中华人民共和国农民专业合作社法》，农民专业合作社是指以农民作为经济主体，从事经营活动的实体型农民合作经济组织。

农民专业合作社为其成员的农业生产经营服务，主要包括生产资料的采购、使用，农产品的生产、销售、加工、运输、贮藏及其他相关服务。在农民专业合作社中，成员地位平等，入社和退社自愿，盈余按交易量（额）比例返还到社员。

二、农民专业合作社的特征

（一）成员的农民主体与自愿性

农民专业合作社以农民为主体，成员入社自愿、退社自由，根据自身意愿和实际情况选择是否加入或退出合作社，不受强迫和干预。

【工作实例1-1】

2025年3月，某果农根据自身水果种植的需求，决定加入当地的水果种植专业合作社。后期如果个人发展变化，该果农可自由退出。

（二）组织的互助合作性

合作社是成员为实现共同利益而组织起来的互助性经济组织，成员之间通过合作，实现资源共享、优势互补、风险共担、利益共享。

【工作实例1-2】

在某养殖专业合作社，成员们共同采购饲料、分享养殖技术和经验，从而降低了生产成本和养殖风险，提高了整体经济效益。

（三）管理的民主性

成员地位平等，都享有表决权、选举权和被选举权等民主权利，重大事项由成员大会民主决定。无论出资多少，每位成员一般都享有一票的基本表决权，保障了普通成员对合作社事务的参与和管理。

（四）利益的惠顾返还性

合作社在开展经营活动过程中，将成员的利益放在首位，其盈利主要按成员与合作社的交易量（额）比例返还给成员，这与公司以资本为核心的利润分配方式不同。

【工作实例1-3】

某粮食种植专业合作社在2024年年终结算时，根据成员向合作社交售粮食的数量，按一定比例将合作社的盈余返还给成员。

（五）经营的独立性

农民专业合作社是独立的法人组织，拥有独立的财产，能够独立承担民事责任。在经济活动中，以自己的名义开展生产经营活动，自主决策、自主经营、自负盈亏。

三、设立农民专业合作社的基本原则

设立农民专业合作社的基本原则主要包括以下六个方面：

（一）成员以农民为主体

《中华人民共和国农民专业合作社法》规定，农民至少应当占成员总数的80%，这确保了农民在合作社中的主体地位，体现了合作社为农民服务的宗旨。

【工作实例1-4】

在某苹果种植专业合作社，大部分成员都是当地从事苹果种植的农民，他们是合作社生产经营活动的主要参与者和受益者。

（二）成员入社自愿、退社自由

成员入社自愿、退社自由，充分尊重成员的意愿和选择，任何组织和个人不得强

迫农民加入或退出合作社。合作社在管理中，实行民主管理，成员地位平等，享有表决权、选举权和被选举权等民主权利。

【工作实例 1-5】

2025年3月，某合作社召开会议，讨论是否引进新的种植品种。其间，全体成员都可以发表意见并参与投票表决。

（三）以服务成员为宗旨，谋求全体成员的共同利益

农民专业合作社不以营利为唯一目的，而是以服务成员为主要宗旨。通过为成员提供产前、产中、产后的各种服务，如农资采购、技术培训、产品销售等，提高成员的生产经营水平和市场竞争力，增加成员收入，保障全体成员的共同利益。

【工作实例 1-6】

2025年3月，某养殖专业合作社统一为成员采购优质饲料，从而降低了合作社成员的采购成本；同时，合作社还为成员提供养殖技术指导，提高了养殖效益。

（四）盈余按照成员与农民专业合作社的交易量（额）比例返还

合作社在弥补亏损、提取公积金后的盈余，主要按照成员与合作社的交易量（额）比例返还给成员。

【工作实例 1-7】

某甘蔗销售农民专业合作社在2024年年终结算时，根据成员向合作社交售甘蔗的数量和价格，按一定比例将盈余返还给成员。交易量（额）越大，返还的盈余越多。

（五）成员地位平等，实行民主管理

无论成员出资多少、文化程度高低、社会地位如何，在合作社内部享有平等的权利和义务。

【工作实例 1-8】

2025年3月，某柑橘种植专业合作社召开会议选举理事长，每个成员都有平等的投票权，不受出资多少的影响。

（六）独立核算，自主经营，自负盈亏

合作社建立健全独立的财务会计制度，对合作社的生产经营活动进行独立核算。在经营过程中，自主决策、自主经营，根据市场需求和自身实际情况开展生产经营活动，自负盈亏，独立承担经营风险。

任务二　农民专业合作社会计岗位及核算要求

一、农民专业合作社会计岗位

知识精讲1-2

农民专业合作社会计岗位及核算要求

农民专业合作社会计岗位一般可分为主管会计、总账会计、出纳员、往来会计和成本会计等。这些岗位可以一人一岗、一人多岗或者一岗多人。但出纳人员不得兼管稽核、会计档案保管以及收入、费用、债权债务账目的登记工作，非出纳人员不得经管现金、有价证券。

农民专业合作社常见会计岗位及其主要职责见表1-1。

表1-1 农民专业合作社常见会计岗位及其主要职责

岗位名称	主要职责
会计主管	·全面负责合作社财务会计工作,制定财务制度与核算办法。 ·组织编制年度财务预算与决算,并监督、分析预算执行情况。 ·审核重要财务收支及会计凭证,保障财务数据准确合规。 ·协调外部审计、税务等部门关系,配合完成相关工作,参与重大财务决策
总账会计	·负责设置、登记总账,依据审核无误的记账凭证汇总登记,定期核对总账与明细账,保障账账相符。 ·编制科目汇总表并试算平衡,以此检查账务处理准确性。 ·负责编制资产负债表等财务报表,确保数据真实准确完整,并进行财务分析,为管理层决策提供依据
出纳员	·负责合作社现金收付与银行结算业务,依国家相关制度确保款项收付安全准确,严格把控流程。 ·登记现金及银行存款日记账,坚持日清月结保证账实相符,每日盘点现金、定期编制银行存款余额调节表。 ·妥善保管库存现金、有价证券、空白支票、收据及印章等,同时依规做好发票开具、登记、保管与归档工作
往来会计	·负责处理合作社与供应商、客户等往来单位账务,及时记录应付、应收款的发生与结算。 ·定期与往来单位对账,编制对账单,清理催收款项,保障资金正常周转。 ·分析往来账款账龄和余额,跟踪处理长期未收回款项,协助开展信用管理
成本会计	·负责制定合作社成本核算方法与控制制度,明确成本核算对象及项目。 ·收集、整理并分析原材料采购等各环节成本信息,核算产品及经营成本,编制成本单据与报表。 ·开展成本分析,分析成本变动原因,提出降本措施,为经营决策提供成本支持

【特别提示1-1】

不同规模和业务特点的农民专业合作社可能会对会计岗位进行不同的设置和调整,有些小型合作社可能会将某些岗位的职责合并由一人承担,而大型合作社可能会进一步细分会计岗位,增加如税务会计、固定资产会计、保管员等岗位。

二、农民专业合作社会计核算的内容

农民专业合作社会计核算的内容包括资产、负债、所有者权益、收入、成本与费用、盈余及分配等,见表1-2。

表1-2   农民专业合作社会计核算的内容

核算项目	具体内容
资产	·流动资产：现金、银行存款、应收款项（成员往来、应收款）、存货（包括种子、化肥、农产品等） ·农业资产：牲畜（禽）资产（幼畜及育肥畜、产役畜）、林木资产（经济林木、非经济林木） ·固定资产：房屋及建筑物、机器设备、运输设备等，涉及资产购置、折旧计提、处置核算 ·无形资产：土地使用权、商标权、专利权等，包含取得、摊销及处置的账务处理
负债	·流动负债：短期借款、应付款、应付工资、应付盈余返还、应付利息等 ·非流动负债：长期借款、专项应付款（如国家财政直接补助形成的负债）
所有者权益	·股金：成员出资入股的金额，记录成员投入的货币资金、实物资产等折合的股金 ·专项基金：接受国家财政直接补助和他人捐赠形成的专项基金 ·资本公积：成员出资额超出其应享有合作社注册资本份额的部分，以及接受捐赠等形成的资本公积 ·盈余公积：从合作社盈余中提取的公积金，用于扩大生产经营、弥补亏损等 ·未分配盈余：合作社历年累积的未分配利润或未弥补亏损
收入	·经营收入：农产品销售、提供劳务等经营活动产生的收入 ·其他收入：利息收入、罚款收入、固定资产及产品物资的盘盈收入等
成本与费用	·经营成本：生产农产品或提供劳务过程中发生的各项直接和间接成本，如种子、化肥费用，人工成本，生产设备折旧等 ·管理费用：为组织和管理生产经营活动而发生的费用，包括管理人员工资、办公费、差旅费等 ·其他支出：利息支出、固定资产及产品物资的盘亏、损失、罚款支出等
盈余及分配	·盈余计算：经营收入与其他收入总和扣除经营成本、管理费用及其他支出后的余额 ·盈余分配：按规定顺序进行分配，首先弥补以前年度亏损，然后提取盈余公积，最后向成员进行盈余返还和分配剩余盈余，须核算各环节金额及成员所得份额

三、农民专业合作社会计核算资料的基本要求

农民专业合作社会计核算资料的基本要求见表1-3。

表1-3   农民专业合作社会计核算资料的基本要求

基本要求	具体内容
真实性	原始凭证如实记录业务，会计账簿据此如实登记，财务报表基于真实账簿编制，严禁造假虚构
完整性	完整收集原始凭证，全面设置总账、明细账等账簿，完整编制资产负债表等报表及附注

基本要求	具体内容
准确性	原始凭证金额与内容填写精准，记账凭证科目及金额准确，账簿登记规范并定期核对，报表数据计算及钩稽关系正确
及时性	业务发生后，迅速获取并填制原始凭证，及时编制记账凭证完成登记，按规定周期编制并报送报表
规范性	会计凭证的格式、填制及装订，账簿的设置与登记规则，报表编制的依据与格式等，均须符合制度法规及会计准则规定

四、《农民专业合作社会计制度》概述

(一)《农民专业合作社会计制度》的制定依据

依据《中华人民共和国会计法》《中华人民共和国农民专业合作社法》等有关规定，国家制定了《农民专业合作社会计制度》。农民专业合作社会计制度旨在规范农民专业合作社的会计工作，并已于 2023 年 1 月 1 日起施行。

(二)《农民专业合作社会计制度》的主要内容

农民专业合作社会计制度正文包括八章内容，总则阐述制定目的、适用范围、会计基础等总体要求；资产，负债，所有者权益，成本、收入和费用等章节对相关会计要素的确认和计量等作出规范；盈余及盈余分配对本年盈余的形成和分配等会计处理作出规范；财务报表章节对会计报表类型、编制要求等作出规范；附则规范施行日期等内容，并对会计基础工作、会计档案管理等提出原则要求。附录主要规范会计科目的具体设置、核算内容和主要账务处理，以及会计报表格式与附注及其编制要求等。

(三)《农民专业合作社会计制度》修订的原则

农民专业合作社会计制度修订的主要原则包括以下四个方面内容：

一是依法规范。针对新修订的《中华人民共和国农民专业合作社法》新增内容，补充有关会计处理要求。

二是问题导向。保留并完善过往实务中广泛接受的做法，补充完善合作社发展中出现的新问题。

三是务实简化。在满足会计核算需求的前提下，适当保留相对简化的会计处理要求。

四是协调衔接。聚焦规范会计核算工作，与正在制定中的财务制度在具体内容上实现较好的协调衔接，同时确保制度自身内在协调。

任务三　农民专业合作社会计基础

知识精讲1-3

农民专业合作社会计基础

一、农民专业合作社基本的会计等式

农民专业合作社基本的会计等式反映了其财务状况与经营成果，主要有以下两个：

资产=负债+所有者权益

【特别提示1-2】

这是最基本的会计等式，反映合作社在某一特定日期的财务状况。

收入-费用=盈余

【特别提示1-3】

该等式能够反映合作社在一定会计期间的经营成果。

二、农民专业合作社会计科目和账户

农民专业合作社会计科目和账户是准确记录合作社经济活动的基础，能清晰呈现资金流向与资产负债状况，有序地梳理了合作社的财务信息。这些科目和账户为合作社经营决策提供关键数据支撑，通过核算经营收支、分配盈余等，推动农民专业合作社持续稳定发展。农民专业合作社常用会计科目和账户核算内容见表1-4。

表1-4　　　　　　农民专业合作社常用会计科目和账户核算内容

类别	会计科目	账户核算内容
资产类	库存现金	核算合作社库存现金收支与结存，反映日常经营现金收付及结余情况
	银行存款	核算合作社在银行、信用社等金融机构存款的增减与结存
	应收款	核算合作社与非成员间的应收、暂付款项，反映外部非成员交易的未收回款项
	成员往来	核算合作社与成员的经济往来，如借款、还款及交易结算
	产品物资	核算合作社库存的各种产品和物资的实际成本，包括农产品、工业产品、材料、商品等，反映库存资产的价值
	对外投资	核算合作社持有的各种对外投资，比如合作社出资与其他企业共同设立公司、购买了政府发行的国债等
	委托加工物资	核算合作社委托外单位加工的各种物资的实际成本
	委托代销商品	核算合作社委托外单位销售的各种商品的实际成本
	受托代购商品	核算合作社接受委托代为采购商品的实际成本
	消耗性生物资产	核算合作社消耗性生物资产实际成本，如大田作物、蔬菜、用材林、待售牲畜等
	生产性生物资产	核算合作社生产性生物资产原价，设未成熟与成熟二级科目，涵盖经济林、薪炭林、产畜和役畜等
	生产性生物资产累计折旧	核算合作社生产性生物资产的累计折旧，体现生产性生物资产随使用而产生的价值损耗
	公益性生物资产	核算合作社持有的公益性生物资产的实际成本，如防风固沙林、水土保持林和水源涵养林等

续表

类别	会计科目	账户核算内容
资产类	固定资产	核算合作社固定资产的原值，包括房屋、建筑物、机器、设备、工具、器具等
	累计折旧	核算合作社固定资产的累计折旧
	在建工程	核算合作社进行工程建设、设备安装、农业基本建设等发生的实际支出
	固定资产清理	核算合作社因出售、捐赠、报废和毁损等原因转入清理的固定资产净值，以及清理中的费用与收入
	无形资产	核算合作社持有的无形资产，包括专利权、商标权、著作权、土地使用权等
	累计摊销	核算合作社对使用寿命有限的无形资产计提的累计摊销
	长期待摊费用	核算合作社已发生、分摊期限超过1年且需要由本期及以后各期负担的费用，如以经营租赁方式租入的固定资产发生的改良支出等，合理分摊长期费用
	待处理财产损溢	核算合作社在清查财产过程中查明的各种财产盘盈、盘亏和毁损的价值
负债类	短期借款	核算合作社从银行、信用社或其他金融机构，以及外部单位和个人借入的期限在1年以下（含1年）的各种借款
	应付款	核算合作社因购买材料、商品和接受劳务供应等经营活动应支付的款项
	应付工资	核算合作社应付给其管理人员及固定员工的工资总额，明确应支付给员工的劳动报酬
	应付盈余返还	核算合作社按成员与本社交易量（额）比例返还给成员的盈余
	应付剩余盈余	核算合作社按成员账户出资额、公积金份额，以及国家财政补助、他人捐赠财产量化份额，按比例分配剩余可分配盈余，明确剩余盈余分配核算
	应交税费	核算合作社按税法规定应缴纳的各类税费，如增值税、城市维护建设税、企业所得税、个人所得税、资源税等
	长期借款	核算合作社从银行、信用社或其他金融机构，以及外部单位和个人借入的期限在1年以上的各种借款
	专项应付款	核算合作社接受国家财政直接补助的资金

类别	会计科目	账户核算内容
负债类	应付劳务费	核算合作社因接受劳务服务而应付给提供劳务方的款项，如合作社聘请专业技术人员进行农业技术指导，应支付给技术人员的报酬；雇用临时工进行采摘、分拣等工作，应支付给临时工的工资等
	应付利息	核算合作社按照合同约定应支付的借款利息，包括从金融机构（如银行）取得贷款所产生的利息，以及向其他单位或个人借款而需要支付的利息等
所有者权益类	股金	核算合作社成员投入的股金，体现成员对合作社的初始投资
	专项基金	核算合作社通过国家财政直接补助转入和他人捐赠形成的专项基金
	资本公积	核算合作社形成的资本公积，包括资本溢价、接受捐赠资产、拨款转入等，记录资本增值及其他特殊资本来源
	盈余公积	核算合作社从盈余中提取的盈余公积，如法定盈余公积、任意盈余公积等
	本年盈余	核算合作社本年度实现的盈余
	盈余分配	核算合作社当年盈余的分配（或亏损的弥补）和历年分配后的结存余额
成本类	生产成本	核算合作社直接组织生产或对非成员提供劳务等活动所发生的各项生产费用和劳务成本，包括直接材料、直接人工和制造费用等
收入类	经营收入	核算合作社销售产品、提供劳务，以及为成员代购代销、向成员提供技术、信息服务等活动取得的收入
	其他收入	核算合作社除经营收入以外的其他收入，如罚款收入、存款利息收入、固定资产及产品物资的盘盈收入等
	投资收益	核算合作社对外投资取得的收益或发生的损失
费用类	经营支出	核算合作社因销售产品、提供劳务，以及为成员代购代销、向成员提供技术、信息服务等活动发生的支出，包括产品销售成本、劳务成本等
	其他支出	核算合作社除经营支出、管理费用以外的其他各项支出。如农业资产死亡毁损支出；林木因自然灾害受损等产生的损失，扣除残料价值和保险公司赔偿后的净损失
	管理费用	核算合作社为组织和管理生产经营活动而发生的各项支出，包括管理人员的工资、办公费、差旅费、管理用固定资产的折旧、业务招待费等
	税金及附加	核算合作社消费税、城市维护建设税、教育费附加、地方教育附加、资源税、房产税、城镇土地使用税、车船税、印花税等
	财务费用	核算合作社为筹集生产经营所需资金等而发生的筹资费用，包括利息支出、汇兑损益以及相关的手续费等
	所得税费用	核算合作社根据所得税法规定应缴纳的所得税费用

【特别提示1-4】

农民专业合作社会计科目和账户至关重要，它能反映合作社财务状况与经营成果，助力成员明晰权益，保障合作社合规运营。在日常使用中，农民专业合作社须严格遵守会计准则规范记录，定期核对账目以确保数据准确。

三、农民专业合作社复式记账法

复式记账法是指对每一笔经济业务都以相等的金额在两个或两个以上相互联系的账户中进行登记的一种记账方法。复式记账法是会计核算的基本方法，其核心是"有借必有贷，借贷必相等"。每一笔经济业务都要在两个或两个以上的账户中进行登记，确保会计等式的平衡。

农民专业合作社常用的复式记账法通常以"借"和"贷"作为记账符号。"借"表示资产、费用的增加或负债、所有者权益、收入的减少；"贷"表示资产、费用的减少或负债、所有者权益、收入的增加。

农民专业合作社复式记账法的账户结构见表1-5。

表1-5 　　　　　　　　农民专业合作社复式记账法的账户结构

账户类型	登记规则	期末余额情况
资产类账户	借方登记增加额，贷方登记减少额	一般在借方
负债类账户	贷方登记增加额，借方登记减少额	一般在贷方
所有者权益类账户	贷方登记增加额，借方登记减少额	一般在贷方
成本类账户	借方登记成本的增加额，贷方登记成本的减少或转出额	一般在借方（如有余额）
损益类账户	收入类：贷方登记增加额，借方登记减少或转出额 费用类：借方登记增加额，贷方登记减少或转出额	一般无余额

【特别提示1-5】

农民专业合作社记账规则是"有借必有贷，借贷必相等"，即每一笔经济业务都要在两个或两个以上相互联系的账户中以借贷相等的金额进行登记。

期末要进行试算平衡，根据资产与权益的恒等关系以及借贷记账法的记账规则，通过对所有账户的发生额和余额的汇总计算和比较，来检查账户记录是否正确。发生额试算平衡和余额试算平衡如下：

发生额试算平衡公式：全部账户本期借方发生额合计=全部账户本期贷方发生额合计

余额试算平衡公式：全部账户借方期末余额合计=全部账户贷方期末余额合计

知识拓展1-1

试算不平衡的原因

【工作实例1-9】

2025年3月，某农民专业合作社发生以下经济业务：收到社员张三投入的股金10 000元，存入银行。

根据上述资料，编制会计分录如下：

借：银行存款　　　　　　　　　　　　　　　　　　　　10 000
　　贷：股金——张三　　　　　　　　　　　　　　　　　　　　10 000

分析："银行存款"属于资产类账户，增加记借方；"股金"属于所有者权益类账户，增加记贷方。

【工作实例1-10】

2025年3月，某农民专业合作社从供应商李四处购买化肥一批，价款5 000元，款项尚未支付。

根据上述资料，编制会计分录如下：

借：库存物资 —— 化肥　　　　　　　　　　　　　　　　5 000
　　贷：应付款——李四　　　　　　　　　　　　　　　　　　　5 000

分析："库存物资"属于资产类账户，增加记借方；"应付款"属于负债类账户，增加记贷方。

四、会计凭证、会计账簿和会计档案

（一）会计凭证

会计凭证是记录农民专业合作社经济业务发生或完成情况、明确经济责任，并作为记账依据的书面证明，是农民专业合作社进行会计核算和财务管理的重要资料。农民专业合作社会计凭证的分类及应用见表1-6。

表1-6　　　　　　　　　**农民专业合作社会计凭证的分类及应用**

类别	定义	分类及应用
原始凭证	在经济业务发生时取得或填制的，用以记录和证明经济业务发生或完成情况的凭证	·外来原始凭证：如购买物资取得的发票、银行收款通知单等。 ·自制原始凭证：如入库单、出库单、工资发放表、借款单等
记账凭证	根据审核无误的原始凭证，按照经济业务的内容加以归类，并据以确定会计分录后所填制的会计凭证	·收款凭证：用于记录库存现金和银行存款收款业务。 ·付款凭证：用于记录库存现金和银行存款付款业务。 ·转账凭证：用于记录不涉及库存现金和银行存款收付的业务

（二）会计账簿

会计账簿是由一定格式的账页组成，以经过审核的会计凭证为依据，全面、系统、连续地记录农民专业合作社各项经济业务的簿籍。农民专业合作社会计账簿的分类及内容见表1-7。

表1-7　　　　　　　　　　农民专业合作社会计账簿的分类及内容

类别	定义	分类及内容
序时账簿	按照经济业务发生时间的先后顺序逐日、逐笔登记的账簿	·普通日记账：用来记录全部经济业务的发生情况 ·特种日记账：如库存现金日记账、银行存款日记账，专门用来记录某一类经济业务
分类账簿	对全部经济业务按照会计要素的具体类别而设置的分类账户进行登记的账簿	·总分类账簿：简称总账，根据总分类科目开设账户，用来登记全部经济业务，进行总分类核算 ·明细分类账簿：简称明细账，根据明细分类科目开设账户，用来登记某一类经济业务，进行明细分类核算，提供明细核算资料
备查账簿	对某些在序时账簿和分类账簿中未能记载或记载不全的经济业务进行补充登记的账簿	租入固定资产登记簿、受托加工材料登记簿、代销商品登记簿等

（三）会计档案

会计档案是农民专业合作社进行会计核算等过程中接收或形成的，记录和反映农民专业合作社经济业务事项的，具有保存价值的文字、图表等各种形式的会计资料。

《农民专业合作社会计制度》明确规定，合作社管理会计档案等，应当按照《会计基础工作规范》《会计档案管理办法》等规定执行。农民专业合作社的会计档案分类和具体内容及保管年限见表1-8。

表1-8　　　　　农民专业合作社的会计档案分类和具体内容及保管年限

类别	具体内容	保管期限
会计凭证类	·原始凭证：发票、收据、入库单、出库单、工资表等 ·记账凭证：收款凭证、付款凭证、转账凭证等	30年
会计账簿类	·总账 ·明细账：库存商品明细账、应收款明细账等 ·日记账：库存现金日记账、银行存款日记账 ·其他辅助账簿：固定资产台账、低值易耗品台账等	30年
财务会计报告类	·会计报表：资产负债表、盈余及盈余分配表、成员权益变动表等 ·会计报表附注 ·财务情况说明书	年度财务会计报告永久保存，月度、季度财务会计报告一般为10年
其他会计资料类	·银行存款余额调节表 ·银行对账单 ·纳税申报表 ·会计档案移交清册 ·会计档案保管清册 ·会计档案销毁清册	·银行存款余额调节表、银行对账单为10年 ·会计档案移交清册为30年 ·会计档案保管清册、会计档案销毁清册永久保存

【特别提示1-6】

会计年度终了后，某农民专业合作社需整理立卷、装订会计资料，编制保管清册。保管清册属于当年会计档案，可由合作社会计机构暂存1年，期满后，会计机构编制移交清册，转至本社档案机构统一保管。

此外，农民专业合作社可以利用计算机、网络通信等信息技术手段管理会计档案。满足条件的，农民专业合作社内部形成的属于归档范围的电子会计资料可仅以电子形式保存，形成电子会计档案。公司从外部接收的电子会计资料符合相关条件，且附有符合《中华人民共和国电子签名法》规定的电子签名的，可仅以电子形式归档保存，形成电子会计档案。

农民专业合作社要建立严格的会计档案查阅、复制登记制度。内部人员查阅或复制会计档案，须经合作社负责人批准；外部单位查阅或复制会计档案，应持有单位正式介绍信，经合作社负责人批准后，在专人陪同下查阅或复制，并办理相关登记手续。

农民专业合作社的会计档案保管期满需要销毁时，本合作社档案机构提出销毁意见，编制会计档案销毁清册。经合作社负责人在会计档案销毁清册上签署意见后，由档案机构和会计机构共同派员监销。对于保管期满但未结清的债权债务原始凭证和涉及其他未了事项的原始凭证，不得销毁，应当单独抽出立卷，保管到未了事项完结为止。

项目实施

针对"项目导入"中的经济业务，相关处理程序如下：

第一步：分析合作社的业务活动

李家庄绿丰种植专业合作社主要从事有机蔬菜的种植和销售业务。种植过程涉及种子、化肥、农药等物资采购，以及农机使用、人工劳作等成本支出。销售业务则包括与客户的款项结算、产品运输等环节。同时，合作社由15户村民联合成立，涉及成员出资、利润分配等权益问题。

第二步：确定会计核算岗位

李家庄绿丰种植专业合作社可以设会计主管负责财务全面工作，设出纳管理资金收付，设成本会计核算种植成本，设销售会计处理销售业务，设总账会计统筹账务与报表。

第三步：设置会计账户

李家庄绿丰种植专业合作社应分别设置资产类账户、负债类账户、所有者权益类账户、成本类账户、收入类账户、费用类账户。

第四步：设置会计账簿

（1）建立总账，总括反映财务状况和经营成果。

（2）设立库存现金日记账和银行存款日记账，分别核算现金和银行存款收支。

（3）建立明细分类账，包括存货、固定资产、往来账款、生产成本等明细账，详细记录各类经济业务。

德技并修

案例引入：某山区有一个"青山种植农民专业合作社"，由20户村民联合成立，主要从事茶叶种植与销售。

合作社设立了会计主管、出纳、成本会计等岗位。会计账户设置方面，资产类有库存现金、银行存款、应收账款、存货（茶叶、肥料、农药等）、固定资产（茶园管理设备）等；负债类有应付账款、短期借款等；所有者权益类有实收资本、盈余公积等；成本类有生产成本（茶叶种植的人工、肥料等成本）；损益类有主营业务收入、主营业务成本、销售费用等。

在会计账簿建立上，有总账对所有经济业务进行总分类核算、库存现金日记账和银行存款日记账分别记录现金和银行存款的收支情况，还有明细分类账，如存货明细账记录茶叶及各类农资的出入库情况、往来账款明细账记录与供应商及客户的往来款项。

德育要素：集体主义与合作精神　诚信与法治意识

职业点拨：首先，合作社由20户村民联合成立，体现了集体主义精神。村民们摒弃了个体单独经营的局限性，通过合作实现资源共享、优势互补，共同为合作社的发展努力，这种合作精神是合作社成功的基础，也反映了社会主义核心价值观中"和谐""友善"的理念。其次，合作社在经营过程中，无论是与供应商签订采购合同，还是与客户签订销售合同，都须遵循诚信原则，依法履行合同义务。最后，在会计核算方面，合作社严格遵守国家的财经法规和会计准则，如实记录经济业务，体现了法治意识，这是合作社健康发展的重要保障，也是社会主义市场经济对企业的基本要求。

📝 项目测试

项目测试1-1

在线答题

一、单选题

1.根据《中华人民共和国农民专业合作社法》，农民专业合作社的成员中农民至少应占（　　）。

A.50%　　　　　　　B.60%　　　　　　　C.70%　　　　　　　D.80%

2.农民专业合作社的盈余主要按（　　）标准返还给成员。

A.成员出资额　　　　　　　　B.成员与合作社的交易量（额）

C.成员职位高低　　　　　　　D.成员入社年限

3.农民专业合作社的会计岗位中，出纳员不得兼管（　　）工作。

A.现金收付　　　　　　　　　B.银行存款日记账登记

C.会计档案保管　　　　　　　D.库存现金保管

4.农民专业合作社的会计等式中，反映财务状况的是（　　）。

A.收入-费用=盈余　　　　　　　B.资产=负债+所有者权益

C.利润=收入-成本　　　　　　　D.资产=权益

5.农民专业合作社接受国家财政直接补助形成的资金应记入（　　）科目。

A."股金"　　　　　　　　　　　B."专项基金"

C."资本公积"　　　　　　　　　D."盈余公积"

二、多选题

1.农民专业合作社的特征包括（　　）。

A.成员的农民主体与自愿性　　　B.组织的互助合作性

C.管理的民主性　　　　　　　　D.利益的惠顾返还性

2.农民专业合作社的会计核算内容包括（　　）。

A.资产与负债　　　　　　　　　B.所有者权益

C.收入与费用　　　　　　　　　D.盈余及分配

3.设立农民专业合作社的基本原则包括（　　）。

A.成员以农民为主体

B.成员入社自愿、退社自由

C.独立核算，自主经营，自负盈亏

D.盈余主要按照成员与农民专业合作社的交易量（额）比例返还

4.农民专业合作社的会计凭证包括（　　）。

A.原始凭证　　　　　　　　　　B.记账凭证

C.转账凭证　　　　　　　　　　D.收款凭证

5.农民专业合作社的无形资产包括（　　）。

A.土地使用权　　　　　　　　　B.专利权

C.固定资产　　　　　　　　　　D.商标权

三、判断题

1.农民专业合作社的成员入社自愿，但退社需经合作社批准。　　　　（　　）

2.农民专业合作社的会计核算资料需满足真实性、完整性、准确性、及时性和规范性。　　　　　　　　　　　　　　　　　　　　　　　　　　　　　（　　）

3.农民专业合作社的股金属于负债类科目。　　　　　　　　　　　（　　）

4.农民专业合作社的会计档案中，年度财务会计报告需永久保存。　　（　　）

5.会计档案移交后，原会计机构仍需保留副本备查。　　　　　　　（　　）

四、业务题

2025年3月，某农民专业合作社收到成员李四投入的股金50 000元，存入银行；从供应商王五处采购种子30 000元，款项尚未支付。

要求：请依据以上业务，编制会计分录。

项目评价

本项目评价见表1-9。

表1-9 项目评价表

项目名称		农民专业合作社会计工作认知		
	评价要点	评分标准	学生自评（50%）	教师评价（50%）
知识掌握（30分）	理解农民专业合作社的基本概念、特征、原则（10分）	· 优秀（8～10分）：能准确回答知识点并举例应用。 · 良好（5～7分）：基本掌握知识点但存在细节疏漏。 · 待改进（0～4分）：概念模糊或混淆知识点的适用性		
	掌握会计等式、会计科目和账户、会计凭证、会计账簿和会计档案（10分）			
	熟悉合作社会计核算的岗位设置和核算内容、基本要求（10分）			
技能提升（40分）	能运用会计等式进行简单业务处理（10分）	· 优秀（8～10分）：分录无错误，计算准确，分析全面。 · 良好（5～7分）：分录有1～2处错误，计算逻辑正确且结果偏差不超过5%。 · 待改进（0～4分）：分录错误多于或等于3处，计算逻辑混乱		
	能填写会计凭证、会计账簿和会计档案（10分）			
	能填写会计档案（10分）			
	能办理会计档案保管和移交（10分）			
素质养成（30分）	具有依法建账、规范核算的职业意识（10分）	· 优秀（8～10分）：案例分析决策合理，主动提出合规建议。 · 良好（5～7分）：能完成基础分析但缺乏创新。 · 待改进（0～4分）：决策违背职业伦理或缺乏团队贡献		
	具有诚信意识、保密观念和社会责任感（10分）			
	具有团队协作与沟通能力（10分）			
综合评价成绩（100分）				

学生自评：

学生签字：

教师评语：

教师签字：

项目二 设立与清算时的会计核算

学习目标

知识目标

1. 熟悉农民专业合作社设立时的核心经济业务。
2. 理解农民专业合作社设立阶段会计核算的基本原则。
3. 掌握农民专业合作社设立时主要业务的账务处理流程。
4. 明确《农民专业合作社会计制度》对设立阶段的规范要求。

技能目标

1. 能根据农民专业合作社成员出资类型编制会计分录。
2. 能完成农民专业合作社设立阶段资产购置的账务处理。
3. 能规范核算农民专业合作社设立费用并进行费用分类。
4. 能完成农民专业合作社初始建账与会计数据录入。

素养目标

1. 树立依法核算与服务"三农"的职业价值观。
2. 强化风险防范与合规意识。
3. 培养业财融合的业务处理思维。
4. 提升沟通协调与职业判断能力。

【知识导图】

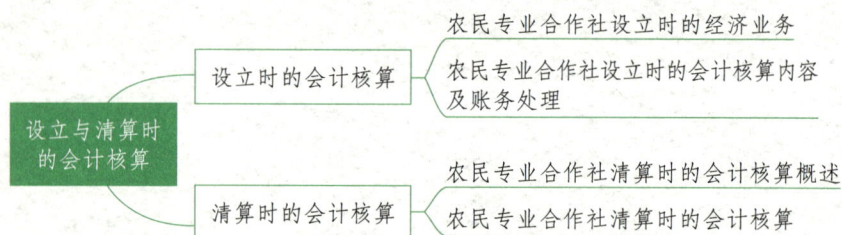

【项目导入】

2025年3月，张村10户菜农联合成立了绿野蔬菜专业合作社，计划从事有机蔬菜种植与销售。筹建期间发生以下业务：

（1）3月2日，成员以现金、大棚、土地经营权出资。其中，成员A以评估价80 000元的土地经营权入股。

（2）3月10日，收到县农业农村局财政补助100 000元，用于购置冷链设备。

思考：

（1）成员A的土地经营权应如何入账？

（2）财政补助购置设备应如何编制会计分录？

任务一　设立时的会计核算

农民专业合作社是基于农村家庭承包经营模式而成立，由农产品生产者、经营者，以及农业生产经营服务的提供者与利用者自愿联合组建的，是秉持民主管理原则的互助性经济组织。农民专业合作社设立阶段涉及一系列关键经济业务，这些业务奠定了合作社后续运营的财务基础。

一、农民专业合作社设立时的经济业务

（一）成员出资

合作社成员可以现金、实物资产（如土地、农机具、农产品等）、知识产权或劳务等多种形式向合作社投入资本，这是合作社初始资金和资产的重要来源。成员出资的多少和方式不仅决定了其在合作社中的权益份额，也影响着合作社的资金规模和运营能力。

（二）接受外部投入

合作社可能接受国家财政直接补助资金，用于特定项目的建设或扶持；还可能收到其他组织或个人的捐赠，包括货币资金、物资设备等，这些外部投入有助于合作社开展业务、提高生产能力。

知识精讲2-1

设立时的会计核算

知识拓展2-1

农民专业合作社成立的条件

（三）资产购置

为满足日常运营和生产需求，合作社需要购置各类资产，如购买土地使用权用于农业生产，购置仓库、加工车间等固定资产用于农产品存储和加工，采购办公设备、运输车辆等以保障办公和物资运输顺畅。

（四）借款行为

合作社在初始筹备阶段，从基础的场地租赁、设施建设，到购置先进的农业生产设备，往往面临着诸多资金需求，进而可能发生借款行为。

（五）费用发生

合作社设立时，会产生各类费用，如注册费、验资费、律师费等，这些费用金额虽小，却都是设立成本中必不可少的部分。

二、农民专业合作社设立时的会计核算内容及账务处理

农民专业合作社的设立是其经济活动的起点，设立阶段的会计核算主要涉及合作社的初始资本形成、资产和负债的确认以及相关费用的处理。设立时的会计核算应遵循《农民专业合作社会计制度》的规定，确保会计信息真实、完整和准确。

（一）资产的会计核算

农民专业合作社设立时，需要准确核算成员出资情况，区分现金、实物、劳务、无形资产等不同出资形式并合理计价入账；清晰记录接受的外部投入，如国家财政补助和捐赠等；正确核算购置的各类资产，根据资产性质和特点选用合适科目，同时依据业务支付方式准确使用对应科目，确保财务信息真实、完整地反映合作社的经济活动。

1.资产的科目设置

农民专业合作社设立时资产的科目设置见表2-1。

表2-1　　　　　　　　　　农民专业合作社设立时资产的科目设置

经济业务	会计科目设置及说明
成员出资	·设置"股金"科目，按成员姓名或成员类别设置明细科目，以反映各成员出资情况。 ·成员以非货币资产出资时，结合具体资产类型设置明细科目，如"固定资产""无形资产""产品物资"等
接受外部投入	·国家财政直接补助资金，通过"专项应付款"科目核算。 ·接受他人捐赠形成的财产，记入"专项基金——捐赠资金/资产"科目，按资金或资产来源进行明细分类核算
资产购置	·购置固定资产，通过"固定资产"科目核算，按资产类别（如房屋建筑物、机器设备、运输工具等）设置二级科目并明细核算。 ·购买土地使用权等无形资产，记入"无形资产"科目，按土地用途等进行明细分类核算。 ·采购办公设备、低值易耗品等，依据资产性质在"固定资产"（价值较高、使用年限长的办公设备）或"低值易耗品"（价值较低、易损耗的办公用品等）科目核算

续表

经济业务	会计科目设置及说明
支付方式	·根据业务涉及的支付方式，对应使用"库存现金""银行存款""应付款""成员往来"等科目。 ·成员出资未全部到位形成的欠款，记入"成员往来——（成员姓名）"科目。 ·购置资产款项未支付时，记入"应付款——（供应商名称）"科目

2.资产的计价原则

农民专业合作社设立时资产的计价原则见表2-2。

表2-2　　　　　农民专业合作社设立时资产的计价原则

计价类型	计价方式
成员出资计价	·以现金出资的，按实际收到的现金金额计价； ·以实物资产出资的，按照评估确认价值或各方协商确定的价值计价； ·以劳务出资的，参照当地劳务市场价格及劳务的实际价值合理评估计价； ·以知识产权等无形资产出资的，依据评估机构评估价值或双方约定价值计价
接受外部投入计价	·国家财政直接补助资金按实际收到金额计价； ·接受捐赠的货币资金按实际收到金额计价； ·接受捐赠的实物资产按同类或类似资产的市场价格或有关凭据注明的金额加上相关税费、运输费等确定入账价值
资产购置计价	·固定资产按购买价款、相关税费、使固定资产达到预定可使用状态前所发生的可归属于该项资产的运输费、装卸费、安装费和专业人员服务费等计价； ·无形资产按购买价款、相关税费以及直接归属于使该项资产达到预定用途所发生的其他支出计价； ·低值易耗品按实际采购成本（包括购买价款、运输费、装卸费等）计价

3.资产的账务处理流程

农民专业合作社在设立时，首先要对成员的货币与非货币出资进行准确计价和入账，确定股金数额；其次，要妥善处理接受的财政补助、捐赠等外部投入资金，明确其归属和用途；最后，对购置的各类资产进行合理分类核算，确保资产价值计量准确，为合作社后续财务核算和经营管理奠定基础。农民专业合作社设立时资产相关业务的账务处理见表2-3。

表2-3　　　　　农民专业合作社设立时资产相关业务的账务处理

经济业务	账务处理
（1）成员以现金出资	借：库存现金/银行存款 　　贷：股金——张三
（2）成员以实物资产（如农机具）出资	借：固定资产——农机具 　　贷：股金——李四

续表

经济业务	账务处理
（3）成员以土地经营权出资	借：无形资产——土地经营权 　　贷：股金——王五
（4）收到国家财政直接补助资金	借：银行存款 　　贷：专项应付款
（5）收到他人捐赠的货币资金	借：银行存款/库存现金 　　贷：专项基金——捐赠资金
（6）接受他人捐赠实物资产（如办公设备），取得增值税专用发票	借：固定资产——办公设备 　　应交税费——应交增值税（进项税额） 　　贷：专项基金——捐赠资产
（7）接受他人捐赠实物资产（如农产品），取得普通发票	借：产品物资——农产品 　　贷：专项基金——捐赠资产
（8）合作社购置固定资产（如仓库），款项已用银行存款支付，取得增值税专用发票	借：固定资产——仓库 　　应交税费——应交增值税（进项税额） 　　贷：银行存款
（9）合作社购置无形资产（土地使用权），款项未付	借：无形资产——土地使用权 　　贷：应付款——（土地出让方名称）
（10）合作社采购低值易耗品（办公用品），现金支付	借：低值易耗品——办公用品 　　贷：库存现金

4.实务案例解析

【工作实例2-1】成员以现金和农机具出资/合作社接受国家财政补助

某农民专业合作社于2025年3月设立，成员A以现金30 000元出资，成员B投入一台经评估价值为50 000元的农机具作为出资，并办理了相关资产转移手续。同时，合作社收到国家财政直接补助资金100 000元，款项均已存入银行。相关账务处理见表2-4。

表2-4　　　　成员以现金和农机具出资/合作社接受国家财政补助的账务处理

经济业务	会计分录	
（1）成员A以现金出资	借：银行存款 　　贷：股金——成员A	30 000 　　　30 000
（2）成员B以农机具出资	借：固定资产——农机具 　　贷：股金——成员B	50 000 　　　50 000
（3）收到国家财政补助资金	借：银行存款 　　贷：专项应付款——国家财政补助	100 000 　　　100 000

【工作实例2-2】成员以土地经营权出资

2025年3月，某农民专业合作社的成员王五以其拥有的土地经营权出资。经专业评估团队结合当地土地市场行情以及土地的肥沃程度、地理位置等因素进行评估，确定该土地经营权价值为20 000元。合作社依据评估报告认可该价值，并签订了土地经营权入股协议。相关账务处理见表2-5。

表2-5　　　　　　　　　成员以土地经营权出资的账务处理

经济业务	会计分录	
成员王五以土地经营权出资	借：无形资产——土地经营权	20 000
	贷：股金——王五	20 000

【工作实例2-3】合作社收到国家财政直接补助资金/接受他人捐赠货币资金

2025年3月5日，某合作社因在农业产业发展中表现突出，收到国家财政直接补助资金100 000元，专项用于购买先进的生产设备，提升生产效率。3月10日，当地一家爱心企业关注到合作社的发展，为支持其建设，捐赠货币资金20 000元。两笔款项合作社均已收到，并存入银行账户。相关账务处理见表2-6。

表2-6　　　合作社收到国家财政直接补助资金/接受他人捐赠货币资金的账务处理

经济业务	会计分录	
（1）收到国家财政直接补助资金	借：银行存款	100 000
	贷：专项基金——国家财政补助	100 000
（2）收到捐赠货币资金	借：银行存款	20 000
	贷：专项基金——捐赠资金	20 000

【工作实例2-4】合作社接受他人捐赠实物资产/取得增值税专用发票

某农民专业合作社正在筹备办公场地。2025年3月，收到甲公司捐赠一批办公设备，并验收入库。捐赠的办公设备包括电脑、打印机等，总价值为15 000元（不含税），供应商同时开具了增值税专用发票，税额为1 950元（假设税率为13%）。相关账务处理见表2-7。

表2-7　　　　合作社接受他人捐赠实物资产/取得增值税专用发票的账务处理

经济业务	会计分录	
收到电脑、打印机等办公设备	借：固定资产——办公设备	15 000
	应交税费——应交增值税（进项税额）	1 950
	贷：专项基金——捐赠资产	16 950

【工作实例2-5】合作社采购低值易耗品（办公用品）

某农民专业合作社需要采购一批日常办公用品。财务人员于2025年3月10日前往文具店，购买了价值500元的办公用品，包括笔记本、笔、文件夹等，并以现金支付了款项。相关账务处理见表2-8。

表2-8 合作社采购低值易耗品（办公用品）的账务处理

经济业务	会计分录
采购低值易耗品（办公用品）	借：低值易耗品——办公用品 500 　贷：库存现金 500

【工作实例2-6】合作社购置无形资产（土地使用权）

某农民专业合作社计划从甲公司购置一块土地用于种植特色农作物。经与土地出让方协商，确定土地使用权转让价格为300 000元。2025年3月10日，双方签订了土地使用权转让合同，合作社尚未支付该笔款项。相关账务处理见表2-9。

表2-9 合作社购置无形资产（土地使用权）的账务处理

经济业务	会计分录
购置土地使用权	借：无形资产——土地使用权 300 000 　贷：应付款——甲公司 300 000

（二）负债的会计核算

农民专业合作社在设立时，由于面临诸多亟待解决的资金难题，如购置必要的农业生产设备、租赁大规模的优质农地、筹备初期运营所需的各类物资等，有可能会发生借款行为。农民专业合作社的借款途径多样，既可能向当地的金融机构，如农村信用社等申请商业贷款，也可能通过民间借贷的方式获取资金。

1.负债的科目设置

农民专业合作社设立时，负债的核算涉及的会计科目有"短期借款""长期借款""应付款"等，这些科目可以按借款来源设置明细科目。

2.负债的账务处理流程

负债的账务处理见表2-10。

表2-10 负债的账务处理

经济业务	账务处理
（1）从银行取得借款	借：银行存款 　贷：短期借款——××银行
（2）从其他非金融机构借款	借：银行存款 　贷：应付款——非金融机构名称

3.实务案例解析

【工作实例2-7】合作社从农村信用社取得借款

某农民专业合作社正在筹备建立，计划购置大型收割机与播种机，需要资金250 000元，于是合作社向本地的农村信用社申请贷款。信用社评估合作社项目后，批准一笔1年期、250 000元的短期借款。2025年3月17日，借款到账。相关账务处理见表2-11。

表2-11　　　　　　　　　　　合作社从农村信用社借款的账务处理

经济业务	会计分录
从农村信用社取得借款	借：银行存款　　　　　　　　　　　　250 000 　　贷：短期借款——农村信用社　　　　　　　　250 000

【工作实例2-8】合作社从非金融机构取得借款

兴业家禽养殖专业合作社设立时，要搭建标准化养殖棚舍，需要资金200 000元。因银行贷款流程久，经人介绍，合作社与A农业科技公司达成借款协议：A农业科技公司借给合作社200 000元，借款期8个月。2025年3月10日，款项到账。相关账务处理见表2-12。

表2-12　　　　　　　　　　合作社从非金融机构取得借款的账务处理

经济业务	会计分录
从非金融机构取得借款	借：银行存款　　　　　　　　　　　　200 000 　　贷：应付款——A农业科技公司　　　　　　　200 000

（三）费用的会计核算

合作社在设立过程中，也会产生各种各样的费用，如注册费、验资费、律师费等。虽然各自的金额不同，但都是合作社设立成本中不可忽视的部分。

1.费用的科目设置

农民专业合作社设立时，发生的相关费用，借记"管理费用——注册费""管理费用——验资费""管理费用——律师费"等科目，贷记"银行存款"或"库存现金"科目。

2.费用的账务处理流程

费用的账务处理见表2-13。

表2-13　　　　　　　　　　　　费用的账务处理

经济业务	账务处理
（1）发生注册费	借：管理费用——注册费 　　贷：银行存款
（2）发生验资费	借：管理费用——验资费 　　贷：银行存款
（3）发生律师费	借：管理费用——律师费 　　贷：银行存款

3.实务案例解析

【工作实例2-9】合作社发生注册费

青山果蔬种植专业合作社于2025年3月筹备设立，其性质为农民专业合作社，预计规模中等，成员20户。按照当地市场监督管理部门的规定，需要缴纳注册费500

元。2025年3月17日，合作社财务人员通过银行转账支付该笔费用。相关账务处理见表2-14。

表2-14　　　　　　　　　合作社发生注册费的账务处理

经济业务	会计分录
发生注册费	借：管理费用——注册费　　　　　　　　　　　　　500 　　贷：银行存款　　　　　　　　　　　　　　　　500

【工作实例2-10】合作社发生验资费

　　绿水养殖合作社设立时，成员以现金、设备及土地经营权等多种方式出资。为核实出资情况，合作社委托A会计师事务所进行验资。A会计师事务所根据业务复杂程度及工作量，收取验资费3 000元。2025年3月24日，合作社通过银行转账支付验资费。相关账务处理见表2-15。

表2-15　　　　　　　　　合作社发生验资费的账务处理

经济业务	会计分录
发生验资费	借：管理费用——验资费　　　　　　　　　　　　3 000 　　贷：银行存款　　　　　　　　　　　　　　　3 000

【工作实例2-11】合作社发生律师费

　　白云农产品加工专业合作社在设立期间，涉及章程起草、多份合作协议拟定以及法律咨询等法律事务。经与B律师事务所协商，B律师事务所提供一揽子法律服务，收取律师费8 000元。2025年3月17日，合作社以银行存款支付律师费。相关账务处理见表2-16。

表2-16　　　　　　　　　合作社发生注册费

经济业务	会计分录
发生律师费	借：管理费用——律师费　　　　　　　　　　　　8 000 　　贷：银行存款　　　　　　　　　　　　　　　8 000

任务二　清算时的会计核算

一、农民专业合作社清算时的会计核算概述

（一）农民专业合作社清算的定义

知识精讲2-2

清算时的会计核算

　　农民专业合作社清算是指合作社解散后，依照法定程序处理合作社剩余财产，清理合作社债权债务，使合作社归于消灭的法律行为。清算阶段的会计核算主要涉及资产变现、债务清偿和剩余财产分配。

（二）农民专业合作社清算的前提

　　根据《中华人民共和国农民专业合作社法》的规定，农民专业合作社于经营期

间，若出现以下四类情形，可以解散：其一，合作社章程所规定的解散事由已然出现；其二，经成员大会决议通过，决定解散；其三，因合作社发生合并或分立等事宜而解散；其四，合作社依法被吊销营业执照，或者被有权机关予以撤销。

（三）农民专业合作社清算的程序

农民专业合作社清算的程序：第一，组建清算机构。第二，编制清算起始前的会计报表。第三，实施财产清查工作，清查完成后编制资产负债表及财产清单。第四，拟订清算方案。第五，着手回收债权，完成债务清偿。第六，开展剩余财产分配。第七，清算完毕后，办理注销登记。

二、农民专业合作社清算时的会计核算

（一）清算时的会计核算内容及账务处理

知识拓展2-2

清算的具体规定

农民专业合作社清算时，需要先清查资产、核实债务，接着进行解散清算，对资产按可变现净值计价并进行处置核算，清偿债务并处理无法偿还的债务，同时核算清算费用与损益，结清成员账户，最后编制清算资产负债表、清算损益表等报表以反映清算结果。农民专业合作社清算时的会计核算内容及账务处理见表2-17。

表2-17　　　　　农民专业合作社清算时的会计核算内容及账务处理

经济业务	账务处理
（1）货币性资产的清查	（1）货币性资产盘盈 借：库存现金/银行存款 　贷：待处理财产损溢——待处理流动资产损溢 报批后： ①应支付给有关人员或单位 借：待处理财产损溢——待处理流动资产损溢 　贷：应付款 ②无法查明原因 借：待处理财产损溢——待处理流动资产损溢 　贷：其他收入 （2）货币性资产盘亏 借：待处理财产损溢——待处理流动资产损溢 　贷：库存现金/银行存款 报批后： ①应由责任人或保险公司赔偿 借：应收款 　贷：待处理财产损溢——待处理流动资产损溢 ②无法查明原因 借：其他支出 　贷：待处理财产损溢——待处理流动资产损溢

续表

经济业务	账务处理
(2) 非货币性资产的清查	(1) 盘盈非货币性资产 借：存货、固定资产、无形资产等 　　贷：待处理财产损溢——待处理非流动资产损溢 批准处理后： 借：待处理财产损溢——待处理非流动资产损溢 　　贷：其他收入 (2) 盘亏非货币性资产 借：待处理财产损溢——待处理非流动资产损溢 　　贷：存货、固定资产、无形资产等 批准处理后： 借：其他支出 　　贷：待处理财产损溢——待处理非流动资产损溢
(3) 债权债务的清查	(1) 确实无法收回的应收款项 借：其他支出 　　贷：成员往来/应收款等 (2) 确实无法支付的款项，或被债权人豁免的款项 借：成员往来/应付款等 　　贷：其他收入
(4) 解散清算	(1) 发生清算费用时 借：清算费用 　　贷：银行存款/库存现金 (2) 清算期间发生收益或损失 借：银行存款等 　　贷：清算损益（或借） (3) 清算完成后将清算费用转入清算损益 借：清算损益 　　贷：清算费用 (4) 结转清算损益和未分配盈余（清算损失按照盈余公积、资本公积、股金的顺序进行冲减） 借：盈余公积 　　资本公积 　　股金 　　贷：清算损益 　　　　盈余分配——未分配盈余 (5) 分配剩余资产 借：股金 　　贷：银行存款/库存现金

【特别提示2-1】

（1）合作社清算后所有者权益优先清偿合作社员工工资和社会保险费用，之后清偿所欠税款和其他债务，分配剩余财产。（2）如果合作社所有者权益不足以清偿各项债务，合作社宣告破产。

（二）实务案例解析

【工作实例2-12】合作社资产清查与处理

2025年3月，丰收农民专业合作社因经营不善决定清算。在资产清查中，发现库存的农产品盘盈1 000元；一台旧拖拉机盘亏，其账面价值为5 000元，已提折旧2 000元。解散清算时，将一批闲置的农具进行变现处理，该农具账面价值为3 000元，实际变现收到银行存款2 500元。取得的银行存款用于支付律师费。相关账务处理见表2-18。

表2-18　　　　　　　　　　　合作社资产清查与处理的账务处理

经济业务	会计分录	
（1）盘盈农产品	借：库存商品——农产品	1 000
	贷：待处理财产损溢	1 000
	借：待处理财产损溢	1 000
	贷：其他收入	1 000
（2）盘亏拖拉机	借：待处理财产损溢	3 000
	累计折旧	2 000
	贷：固定资产——拖拉机	5 000
	借：其他支出	3 000
	贷：待处理财产损溢	3 000
（3）农具变现	借：银行存款	2 500
	清算损益	500
	贷：固定资产——农具	3 000
（4）支付律师费	借：清算费用	2 500
	贷：银行存款	2 500

【工作实例2-13】合作社负债核实与偿还

2025年3月，绿源农民专业合作社进入清查阶段。经核实，合作社有短期借款20 000元，应付款15 000元，其中有一笔2 000元的应付款因债权人失联无法偿还。相关账务处理见表2-19。

表2-19　　　　　　　　　　　合作社负债核实与偿还的账务处理

经济业务	会计分录	
（1）偿还短期借款	借：短期借款	20 000
	贷：银行存款	20 000

续表

经济业务	会计分录	
（2）偿还应付款	借：应付款 　贷：银行存款	13 000 13 000
（3）无法偿还的应付款	借：应付款 　贷：其他收入	2 000 2 000

【工作实例2-14】合作社清算费用核算

2025年3月，富农农民专业合作社进入清算阶段，支付清算人员薪酬3 000元、办公费500元、公告费1 000元，均以银行存款支付。相关账务处理见表2-20。

表2-20　　　　　　　　　合作社清算费用核算的账务处理

经济业务	会计分录	
（1）发生清算费用时	借：清算费用 　贷：银行存款	4 500 4 500
（2）期末将清算费用转入清算损益	借：清算损益 　贷：清算费用	4 500 4 500

【工作实例2-15】合作社解散清算

某专业合作社2025年3月18日宣告解散，合作社成立清算组，清算组对合作社库存现金、产品物资、固定资产、无形资产进行盘点清查，并进行账务处理。合作社账面余额如下：库存现金25 000元，银行存款49 000元，应收款61 000元，固定资产净值200 000元（其中固定资产原值240 000元，累计折旧40 000元），应付款75 000元，股金200 000元，资本公积45 000元，盈余公积20 000元，盈余分配——未分配盈余借方余额5 000元。

在解散清算过程中：收回应收账款55 000元，确认损失6 000元，款项已存入银行；变卖固定资产150 000元已存入银行，账面损失50 000元；用银行存款偿还应付款75 000元；现金支付清算小组人员工资15 000元、差旅费2 000元、律师费5 000元、办公费2 000元。

相关账务处理见表2-21。

表2-21　　　　　　　　　合作社解散清算的账务处理

经济业务	会计分录	
（1）收回应收账款	借：银行存款 　　清算损益 　贷：应收款	55 000 6 000 61 000
（2）变卖固定资产	借：固定资产清理 　　累计折旧 　贷：固定资产	200 000 40 000 240 000

续表

经济业务	会计分录	
(2) 变卖固定资产	借：银行存款 　　清算损益 　贷：固定资产清理	150 000 50 000 200 000
(3) 用银行存款偿还债务	借：应付款 　贷：银行存款	75 000 75 000
(4) 用现金支付清算组人员工资、差旅费、律师费、办公费	借：清算费用 　贷：库存现金	24 000 24 000
(5) 清算费用转清算损益	借：清算损益 　贷：清算费用	24 000 24 000
(6) 结转清算损益和未分配盈余	借：盈余公积 　　资本公积 　　股金 　贷：清算损益 　　　盈余分配——未分配盈余	20 000 45 000 20 000 80 000 5 000
(7) 分配剩余财产	借：股金 　贷：银行存款 　　　库存现金	18 0000 179 000 1 000

【特别提示2-2】

在最终分配剩余财产的计算中：

库存现金余额=25 000−24 000=1 000（元）

银行存款余额=49 000 +55 000 +150 000−75 000=179 000（元）

合计数与股金贷方余额一致。

项目实施

针对"项目导入"中的经济业务，相关处理程序如下：

第一步：成员A的土地经营权入账

(1) 确定会计科目。根据《农民专业合作社会计制度》，土地经营权属于无形资产范畴，所以应使用"无形资产"科目进行核算。

(2) 明确入账金额。明确土地经营权评估价为80 000元，按照评估价值入账。

(3) 编制会计分录。在合作社接受成员出资时，一方面无形资产增加，另一方面实收资本增加。相关会计分录如下：

借：无形资产——土地经营权   80 000

  贷：实收资本——成员 A   80 000

第二步：编制财政补助购置设备的会计分录

（1）收到财政补助时。

收到的财政补助用于特定用途（购置冷链设备），应通过"专项应付款"科目核算。此时银行存款增加，专项应付款增加。相关会计分录如下：

借：银行存款   100 000

  贷：专项应付款——购置冷链设备   100 000

（2）购置设备时。

购置的冷链设备属于固定资产，应通过"固定资产"科目核算，同时减少银行存款。假设购置设备花费 100 000 元（不考虑税费等其他因素），相关会计分录如下：

借：固定资产——冷链设备   100 000

  贷：银行存款   100 000

（3）结转专项应付款。

设备购置完成后，将专项应付款结转到"专项基金"科目，专项基金用于核算合作社通过国家财政直接补助转入和他人捐赠形成的专项基金。相关会计分录如下：

借：专项应付款——购置冷链设备   100 000

  贷：专项基金   100 000

德技并修

案例引入：重庆七里山水稻种植专业合作社由重庆市级农业产业化经营重点龙头企业——渝妹儿米业（重庆）集团有限公司牵头出资，于 2019 年 4 月联合当地 48 户水稻种植专业大户成立。

合作社根据农业产业化发展需求，借助龙头企业优势，整合资源，提升水稻种植产业效益，带动农户增收。48 户专业大户以土地经营权、资金等形式入股。合作社明确成员权利与义务，制定合作社章程，规定决策机制、盈余分配等重要事项；按规定完成工商注册登记，取得营业执照，确定经营范围为水稻种植、收购、销售等，建立财务、生产、销售等管理制度。合作社在财务上规范会计核算，设置专门会计岗位；生产上统一种植标准、技术指导；销售上统一品牌、对接市场，采用"合作社+企业+农户"三位一体模式，"五统一"（统一谋划、统一品种、统一收购、统一品牌、统一产销）经营。2022 年，发展订单优质稻 9 500 余亩，带动农户 1 000 余户，回收优质稻谷 5 000 余吨，为农户累计增收 300 余万元，户均增收 3 000 余元。合作社与渝妹儿米业集团共创"渝妹儿"牌系列大米产品，多个产品获"重庆好粮油""绿色食品证书"等认证。

资料来源：重庆市农业农村委员会. 2023 年度重庆市农民合作社典型案例推介［EB/OL］.［2023—11—14］. https://nyncw.cq.gov.cn/zwxx_161/zwdt/202311/t20231114_12555959_wap.html.

德育要素：合作与共享 社会责任担当

职业点拨：创办合作社需要具备组织协调能力，如协调成员关系、制定运营策略。首先，管理者要了解会计核算、资金管理、成本控制等，能够准确核算成本收益，合理安排资金，保障合作社财务健康，如规范设置会计科目、准确记录收支，从而为决策提供财务依据。其次，管理者还要敏锐把握市场动态，了解农产品市场供需、价格走势；要熟悉相关法律法规，如《中华人民共和国农民专业合作社法》，保障合作社设立、运营合法合规，明确成员权利义务，处理好合同签订、权益分配等法律事务。最后，管理者要懂农业产业特点，结合市场需求规划发展方向，如案例中的合作社结合自身优势和市场需求确定水稻订单种植模式。

项目测试2-1

在线答题

📝 项目测试

一、单选题

1. 农民专业合作社成员以土地经营权出资时，应记入的科目是（ ）。

A. "固定资产"　　　　　　　　　　B. "无形资产"

C. "产品物资"　　　　　　　　　　D. "专项基金"

2. 合作社收到国家财政直接补助资金时，正确的会计分录是（ ）。

A. 借：银行存款　　　　　　　　　B. 借：银行存款

　　 贷：股金　　　　　　　　　　　　贷：专项基金

C. 借：专项基金　　　　　　　　　D. 借：银行存款

　　 贷：银行存款　　　　　　　　　　贷：专项应付款

3. 合作社发生的注册费应计入（ ）。

A. 管理费用　　　B. 财务费用　　　C. 经营支出　　　D. 其他支出

4. 合作社从农村信用社取得短期借款，应借记（ ）。

A. 银行存款　　　B. 短期借款　　　C. 应付款　　　D. 专项应付款

5. 合作社接受捐赠的办公设备，应贷记（ ）。

A. 资本公积　　　B. 专项基金　　　C. 营业外收入　　　D. 其他收入

二、多选题

1. 成员出资的形式可以是（ ）。

A. 现金　　　　　B. 土地经营权　　　C. 劳务　　　　D. 知识产权

2. 清算时，合作社需要编制的报表有（ ）。

A. 清算资产负债表　　　　　　　　B. 清算损益表

C. 成员权益变动表　　　　　　　　D. 利润表

3. 合作社设立阶段的费用包括（ ）。

A. 注册费　　　　B. 验资费　　　　C. 律师费　　　　D. 设备购置费

4. 农民专业合作社在设立时，资产计价原则有（ ）。

A. 成员现金出资按实际收到金额计价

B. 非货币资产按评估价或协商价计价

C.财政补助按实际收到金额计价

D.捐赠实物按市场价格加税费计价

5.对货币资产进行清查涉及的会计科目有（　　　）。

A.“银行存款”

B.“库存现金”

C.“待处理财产损溢——待处理流动资产损溢”

D.“待处理财产损溢——待处理非流动资产损溢”

三、判断题

1.成员以非货币资产出资时，必须经第三方评估机构评估。 （　　）

2.合作社解散清算时，无法偿还的债务应转入清算损益。 （　　）

3.成员退社时，其股金必须以现金形式退还。 （　　）

4.清算费用应先于债务清偿支付。 （　　）

5.合作社清算时，若清算损益为净收益，需要先缴纳所得税再分配给成员。

（　　）

四、业务题

2025年3月，张村绿野蔬菜专业合作社设立期间发生以下业务：

（1）成员A以评估价80 000元的土地经营权入股。

（2）收到县农业农村局财政补助100 000元，用于购置冷链设备。

（3）向农村信用社借款50 000元支付租金。

（4）发生注册费、验资费共计2 000元。

要求：请依据以上业务，编制会计分录。

项目评价

本项目评价见表2-22。

表2-22　　　　　　　　　　　　　　项目评价表

项目名称		设立与清算时的会计核算		
	评价要点	评分标准	学生自评（50%）	教师评价（50%）
知识掌握（30分）	理解农民专业合作社设立时的核心经济业务、基本原则（10分）	·优秀（8～10分）：能准确回答知识点并举例应用。 ·良好（5～7分）：基本掌握知识点但存在细节疏漏。 ·待改进（0～4分）：概念模糊或混淆知识点的适用性		
	掌握农民专业合作社设立时主要业务的账务处理流程（10分）			
	熟悉《农民专业合作社会计制度》对设立阶段的规范要求（10分）			

续表

评价要点		评分标准	学生自评（50%）	教师评价（50%）
技能提升（40分）	能根据农民专业合作社成员出资类型编制会计分录（10分）	·优秀（8～10分）：分录无错误，计算准确，分析全面。 ·良好（5～7分）：分录有1～2处错误，计算逻辑正确且偏差不超过5%。 ·待改进（0～4分）：分录错误多于或等于3处，计算逻辑混乱		
	能完成农民专业合作社设立阶段资产购置的账务处理（10分）			
	能规范核算农民专业合作社设立费用（10分）			
	能完成农民专业合作社初始建账与会计数据录入（10分）			
素质养成（30分）	具有依法核算与服务"三农"的职业价值观（10分）	·优秀（8～10分）：案例分析决策合理，主动提出合规建议。 ·良好（5～7分）：能完成基础分析但缺乏创新。 ·待改进（0～4分）：决策违背职业伦理或缺乏团队贡献		
	具有风险防范与合规意识（10分）			
	具有沟通协调与职业判断能力（10分）			
综合评价成绩（100分）				

学生自评：

学生签字：

教师评语：

教师签字：

筹资和投资的会计核算

学习目标

知识目标

1.理解农民专业合作社筹资与投资的基本概念及分类。

2.掌握所有者投入资金、政府补贴、金融机构借款等筹资方式的会计核算要点及账务处理流程。

3.熟悉对外股权投资、债权投资及实物资产投资的会计处理方法。

4.了解筹资与投资环节的税收政策及合规要求。

技能目标

1.能正确编制所有者投资、政府补贴、借款等筹资业务的会计分录。

2.能独立完成股权、债权及实物资产投资的成本计算及账务处理。

3.能结合税收政策分析筹资与投资活动的税务影响。

素养目标

1.强化资金管理的合规意识,严守会计准则与政策法规。

2.培养风险防控思维,理解筹资与投资对合作社可持续发展的影响。

3.提升诚信经营理念,杜绝虚增资本、隐瞒债务等舞弊行为。

4.增强社会责任意识,合理利用政府补贴资金支持农业现代化。

【知识导图】

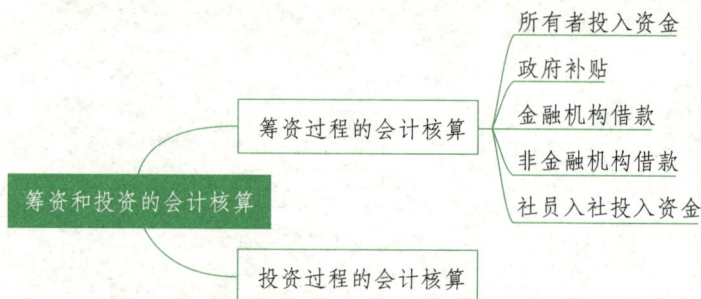

【项目导入】

　　绿源农业合作社为扩大生态果园规模，计划2025年实施以下筹资与投资活动：

　　（1）吸收新成员投资：新成员张强以现金80 000元入股，协议约定其享有股金份额50 000元，差额30 000元计入资本公积。

　　（2）申请政府补贴：获批农业现代化专项补贴200 000元，用于采购智能灌溉设备（总价250 000元），合作社自筹50 000元。

　　（3）金融机构借款：向农商行申请长期借款300 000元，期限3年，年利率5%，按年付息。

　　（4）对外股权投资：以100 000元购入某生物科技公司5%股权，预计年分红率8%。

　　（5）实物资产投资：将一台闲置烘干机（原值60 000元，累计折旧20 000元）评估作价50 000元，投资入股某加工企业。

　　思考：

　　（1）张强入股的会计分录如何编制？资本公积的作用是什么？

　　（2）政府补贴资金用于采购设备时，如何结转专项基金？

　　（3）长期借款的利息如何计提与支付？

　　（4）股权投资的成本及分红收益应如何核算？

　　（5）实物资产对外投资时，账面价值与评估价的差额如何处理？

任务一　筹资过程的会计核算

知识精讲3-1

筹资过程的会计核算

　　筹资是指农民专业合作社筹集资金的行为与过程。具体来说，筹资是农民专业合作社根据自身的生产经营状况、资金拥有状况以及未来发展需要，选择适当的方式，从合作社外部或内部获取资金的行为。

一、所有者投入资金的会计核算

　　所有者投入资金是指合作社成员以现金、实物或无形资产形式向合作社注入资本，是合作社运营和扩大生产的重要资金来源。

（一）会计核算要点

"成员往来"科目按成员名称设置明细科目，记录成员出资及权益变动；"股金"科目反映成员实际投入的股本金额；"资本公积"科目核算出资额超过股金份额的差额。根据出资支付方式，相应记入"库存现金"或"银行存款"等科目。

（二）账务处理流程

所有者投入资金的账务处理见表3-1。

表3-1　　　　　　　　　　　所有者投入资金的账务处理

经济业务	会计分录
（1）收到成员投资入股的货币资金	借：库存现金/银行存款（按照实际收到的金额） 　贷：股金（按照成员应享有的出资总额所占份额计算）
（2）用资本公积或盈余公积转增股金	借：资本公积/盈余公积 　贷：股金

（三）实务案例解析

【工作实例3-1】成员银行存款出资

某农机专业合作社由5个农民共同投资组建，根据合作社章程，其成员现金出资情况如下：合作社社员张某出资30 000元；李某出资40 000元；王某出资30 000元；康某出资60 000元；陈某出资40 000元，资金均已缴存合作社账户。相关账务处理见表3-2。

表3-2　　　　　　　　　　　成员现金出资的账务处理

经济业务	会计分录	
收到成员出资	借：银行存款 　贷：股金——张某 　　　——李某 　　　——王某 　　　——康某 　　　——陈某	20 0000 30 000 40 000 30 000 60 000 40 000

【工作实例3-2】资本公积转增股金

某农机专业合作社由5个农民共同投资组建，2025年3月经全体社员召开社员大会，将合作社资本公积10万元转增股金，原注册股金中张某占15%、李某占20%、王某占15%、康某占30%、陈某占20%。合作社按规定程序办理了增资手续。

张某转增股金金额=100 000×15%=15 000（元）

李某转增股金金额=100 000×20%=20 000（元）

王某转增股金金额=100 000×15%=15 000（元）

康某转增股金金额=100 000×30%=30 000（元）

陈某转增股金金额=100 000×20%=20 000（元）

相关账务处理见表3-3。

表3-3　　　　　　　　　　　资本公积转增股金的账务处理

经济业务	会计分录
农民专业合作社资本公积转增股金	借：资本公积　　　　　　　　　　　　100 000 　　贷：股金——张某　　　　　　　　　　15 000 　　　　　　——李某　　　　　　　　　20 000 　　　　　　——王某　　　　　　　　　15 000 　　　　　　——康某　　　　　　　　　30 000 　　　　　　——陈某　　　　　　　　　20 000

二、政府补贴的会计核算

政府补贴是合作社因支持农业生产或特定项目无偿获得的财政资金，须专款专用。

（一）会计核算要点

使用"专项应付款"核算政府补助资金收付，使用"专项基金"核算合作社接受国家财政直接补助和他人捐赠形成的专项基金。

（二）账务处理流程

政府补贴的账务处理见表3-4。

表3-4　　　　　　　　　　　政府补贴的账务处理

经济业务	会计分录
（1）收到国家财政直接补助资金	借：银行存款/库存现金 　　贷：专项应付款
（2）取得非货币性资产，或者修建基础设施时	借：固定资产/无形资产/在建工程（按照实际使用国家财政 　　补助资金的数额） 　　贷：银行存款/库存现金 同时 借：专项应付款 　　贷：专项基金
（3）用于开展信息、培训、农产品质量标准与认证、市场营销和技术推广等项目支出时	借：专项应付款 　　贷：银行存款/库存现金
（4）取得非货币性资产之后收到对应用途的国家财政直接补助资金时	借：银行存款/库存现金 　　贷：专项应付款 同时，按照实际使用国家财政直接补助资金的数额 借：专项应付款 　　贷：专项基金

续表

经济业务	会计分录
(5) 发生信息、培训、农产品质量标准与认证、市场营销和技术推广等项目支出之后收到对应用途的国家财政直接补助资金时	借：银行存款/库存现金（按照实际收到的金额） 　　贷：专项应付款 同时，按照实际使用国家财政直接补助资金的数额 借：专项应付款 　　贷：经营支出/管理费用
(6) 因有结余等情况而退回国家财政直接补助资金时	借：专项应付款 　　贷：银行存款/库存现金
(7) 取得国家的各类政策性补贴时	借：银行存款/库存现金 　　贷：其他收入

（三）实务案例解析

【工作实例3-3】先收财政直接补助资金，后续进行项目建设或购置非货币性资产

某种植专业合作社收到政府补助100 000元，用于购买灌溉设备（总价120 000元），差额由合作社支付。相关账务处理见表3-5。

政策点拨3-1

2025年中央财政强农惠农富农政策清单

表3-5　先收财政直接补助资金，后续进行项目建设或购置非货币性资产的账务处理

经济业务	会计分录	
(1) 收到补助资金	借：银行存款 　　贷：专项应付款——政府补助	100 000 100 000
(2) 支付设备款	借：固定资产——灌溉设备 　　贷：银行存款 　　　　专项应付款——政府补助	120 000 20 000 100 000
(3) 结转专项基金	借：专项应付款——政府补助 　　贷：专项基金	100 000 100 000

【工作实例3-4】项目已建设或非货币性资产已购买，后收到对应用途的财政直接补助资金

某养殖专业合作社进行冷库建设项目，2025年3月3日，购置冷库专用设备200 000元，支付技术培训费5 000元。3月17日，收到国家对该项目财政直接补助资金300 000元，结余资金退回国家。相关账务处理见表3-6。

表3-6　项目已建设或非货币性资产已购买，后收到对应用途的财政直接补助资金的账务处理

经济业务	会计分录	
(1) 购置冷库专用设备	借：固定资产 　　贷：银行存款	200 000 200 000
(2) 支付技术培训费	借：管理费用 　　贷：银行存款	5 000 5 000

续表

经济业务	会计分录	
（3）收至国家财政直接补助资金	借：银行存款 　　贷：专项应付款——冷库建设资金 同时： 借：专项应付款——冷库建设资金 　　贷：专项基金 借：专项应付款——冷库建设资金 　　贷：管理费用	300 000 300 000 200 000 200 000 5 000 5 000
（4）结余资金退回国家	借：专项应付款——冷库建设资金 　　贷：银行存款	95 000 95 000

【工作实例3-5】各类政策性补贴资金

2025年3月17日，某种植专业合作社收到国家种子补贴50 000元，补贴资金已到账。相关账务处理见表3-7。

表3-7　　　　　　　　　　　各类政策性补贴资金的账务处理

经济业务	会计分录	
收到补贴资金	借：银行存款 　　贷：其他收入	50 000 50 000

知识拓展3-1

借款的管理
要求

三、金融机构借款的会计核算

金融机构借款是合作社向银行等金融机构融资的方式，按期限分为短期借款（期限不超过1年）和长期借款（期限超过1年），需要按期付息还本。

（一）核算要点

第一，"短期借款""长期借款"科目按金融机构名称设明细科目，使用"应付利息""财务费用"核算借款利息、负债。

第二，每月应计提利息=本金×贷款利率÷12（注：贷款利率一般是年利率，应换算为月利率）。

（二）账务处理流程

金融机构借款的账务处理见表3-8。

表3-8　　　　　　　　　　　金融机构借款的账务处理

经济业务	会计分录
（1）取得各种短期借款时	借：银行存款/库存现金 　　贷：短期借款
（2）到期还本付息的利息处理	每月末计提利息时： 借：财务费用 　　贷：应付利息 实际支付利息时： 借：应付利息 　　贷：银行存款/库存现金

续表

经济业务	会计分录
（3）到期偿还短期借款时	借：短期借款 　　贷：银行存款/库存现金
（4）取得长期借款时	借：银行存款/库存现金 　　贷：长期借款
（5）按照借款本金和借款合同利率计算确定利息费用	借：财务费用 　　贷：应付利息 借：应付利息 　　贷：银行存款
（6）到期偿还长期借款时	借：长期借款 　　贷：银行存款/库存现金
（7）取得国家的各类补贴时	借：银行存款/库存现金 　　贷：其他收入

（三）实务案例解析

【工作实例3-6】短期借款

2025年3月24日，某种植专业合作社向农商行借款200 000元，期限1年，年利率6%，到期一次还本付息，借入款项已存入银行。相关账务处理见表3-9。

表3-9　　　　　　　　　　　短期借款的账务处理

经济业务	会计分录	
（1）收到借款	借：银行存款 　　贷：短期借款——农商行	200 000 200 000
（2）按月计提利息	借：财务费用——利息 　　贷：应付利息	1 000 1 000
（3）到期偿还本息	借：短期借款——农商行 　　应付利息 　　贷：银行存款	200 000 12 000 212 000

【工作实例3-7】长期借款

2025年3月24日，某种植专业合作社从农商行借入资金，共计500 000元，期限为2年，年利率6%（到期一次还本，按季归还利息），借入款项已存入银行。相关账务处理见表3-10所示。

表3-10　　　　　　　　　　　长期借款的账务处理

经济业务	会计分录	
（1）收到借款	借：银行存款 　　贷：长期借款——农商行	5 000 000 5 000 000
（2）按月计提利息	借：财务费用——利息 　　贷：应付利息	2 500 2 500

续表

经济业务	会计分录
（3）季度末归还利息（每一季度账务处理相同）	借：应付利息　　　　　　　　5 000 　　　财务费用　　　　　　　　2 500 　贷：银行存款　　　　　　　　　　　　7 000
（4）到期还本	借：长期借款　　　　　　5 000 000 　贷：银行存款　　　　　　　　　　5 000 000

四、非金融机构借款的会计核算

非金融机构借款是合作社向企业、个人等非金融机构融资的方式，通常无固定利息，须按合同约定偿还。

（一）会计核算要点

"应付款"科目按债权人名称设明细科目，核算借款本金。

（二）账务处理流程

非金融机构借款的账务处理见表3-11。

表3-11　　　　　　　　　　　非金融机构借款的账务处理

经济业务	会计分录
（1）取得款项时	借：银行存款 　贷：应付款
（2）归还款项时	借：应付款 　贷：银行存款
（3）因特殊原因确实无法支付取得的应付款或获得债权人债务豁免时	借：应付款 　贷：其他收入

（三）实务案例解析

【工作实例3-8】向企业借款

2025年3月24日，某种植专业合作社向某企业借款50 000元，约定3个月后归还。相关账务处理见表3-12。

表3-12　　　　　　　　　　　向企业借款的账务处理

经济业务	会计分录
（1）收到借款	借：银行存款　　　　　　　　50 000 　贷：应付款——某企业　　　　　　50 000
（2）归还借款	借：应付款——某企业　　　　50 000 　贷：银行存款　　　　　　　　　　50 000

五、社员入社投入资金的会计核算

经过前期发展，合作社的经营取得一定成效，村民看到加入合作社可以实现多方共赢，更多村民加入合作社，这也是合作社吸纳投资的一种形式。

（一）会计核算要点

（1）"库存现金""银行存款"等科目核算实际收到村民投资入股的货币资金。

（2）"股金"科目核算成员应享有的按合作社成员出资总额的份额计算的金额。

（3）"资本公积"科目核算村民投资入股的货币资金与成员应享有的按合作社成员出资总额的份额计算的金额之间的差额。

（二）账务处理流程

社员入社的账务处理见表3-13。

表3-13　　　　　　　　　　社员入社的账务处理

经济业务	会计分录
收到村民投资入股的货币资金	借：库存现金/银行存款（按实际收到的金额） 　贷：股金 　　　资本公积（或借）

（三）实务案例解析

【工作实例3-9】新社员入社

2025年3月24日，合作社收到新社员投入的资金50 000元，按其享有股权的份额，计入股金30 000元，剩余20 000元计入资本公积。相关账务处理见表3-14。

表3-14　　　　　　　　　　新社员入社的账务处理

经济业务	会计分录	
收到村民入社资金	借：银行存款	50 000
	贷：股金	30 000
	资本公积	20 000

任务二　投资过程的会计核算

知识精讲3-2

农民专业合作社投资是指将资金、技术、人力等资源投入到农民专业合作社中，以促进农业生产、提高农民收入、推动农业现代化进程的一种经济活动。

投资过程的
会计核算

一、会计核算要点

知识拓展3-2

对外投资是合作社的一项重要资产类账户。它主要核算合作社持有的各种对外投资，涵盖依法出资设立或加入联合社，以及采用货币资金、实物资产、无形资产等多种形式向其他单位进行的投资。为了更清晰地反映投资情况，合作社需要按照投资的

投资的计价
原则

种类设置明细科目进行明细核算。期末时，该账户的借方余额则能够准确反映合作社对外投资的实际成本。

二、账务处理流程

对外投资的账务处理流程见表3-15。

表3-15 对外投资的账务处理

经济业务	会计分录
（1）以现金、银行存款等货币资金方式对外投资	借：对外投资（实际支付的价款和相关税费） 　　贷：库存现金/银行存款 　　　　应交税费
（2）以实物资产、无形资产等非货币性资产方式对外投资	借：对外投资（评估确认或者合同、协议约定的价值和相关税费） 　　生产性生物资产累计折旧/累计摊销 　　贷：消耗性生物资产/生产性生物资产/固定资产/无形资产等 　　　　应交税费 　　　　资本公积（差额，借方或贷方）
（3）到期收回或中途转让对外投资	借：库存现金/银行存款 　　贷：对外投资（账面余额） 　　　　投资收益（差额，借方或贷方）
（4）被投资合作社宣告分配现金股利或盈余、联合社返还和分配盈余等	确认现金股利时： 借：应收款/成员往来 　　贷：投资收益 实际收到时： 借：银行存款/库存现金 　　贷：应收款/成员往来
（5）对外投资发生损失	借：应收款/成员往来 　　投资收益 　　贷：对外投资

【特别提示3-1】

　　获得股票股利时，不作账务处理，但应在备查簿中登记所增加的股份。

三、实务案例解析

【工作实例3-10】合作社用货币对外投资

绿源合作社2024年1月1日对A合作社进行投资，投资额200 000元，2024年12月1日，A合作社宣告发放现金股利9 000元，12月31日绿源合作社收到现金股利，已存入银行。2025年3月31日，绿源合作社将此投资进行转让，转让金额为220 000元。相关账务处理见表3-16。

表3-16　　　　　　　　　　合作社用货币对外投资的账务处理

经济业务	会计分录	
（1）对外投资	借：对外投资 　贷：银行存款	200 000 200 000
（2）宣告发放现金股利	借：应收款 　贷：投资收益	9 000 9 000
（3）收到现金股利	借：银行存款 　贷：应收款	9 000 9 000
（4）转让投资	借：银行存款 　贷：对外投资 　　投资收益	220 000 200 000 20 000

【工作实例3-11】合作社从二级市场购买股票进行投资

　　某合作社于2024年1月现金购入某公司股票10 000股，每股买价9元，其中包含已宣告但尚未发放的现金股利，每股0.3元，另外支付相关手续费500元。5月因急需资金，出售该项投资，每股卖价9.3元，款项已存入银行。相关账务处理见表3-17。

表3-17　　　　　　合作社从二级市场购买股票进行投资的账务处理

经济业务	会计分录	
（1）购入股票	借：对外投资——股票 　　应收款 　贷：银行存款	87 500 3 000 90 500
（2）收到现金股利	借：银行存款 　贷：应收款	3 000 3 000
（3）出售股票	借：银行存款 　贷：对外投资 　　投资收益	93 000 87 500 5 500

【特别提示3-2】

　　对外投资成本=（9-0.3）×10 000+500=87 500（元）

　　宣告股利=10 000×0.3=3 000（元）

【工作实例3-12】对外债权投资

　　某合作社于2025年1月1日从债券市场购买某公司发行期5年、年利率6%的企业债券1 000份，每份债券面值100元，加付交易手续费等相关费用1 000元。该债券每年1月1日支付上年利息，到期偿还本金。账务处理见表3-18。

表3-18 对外债权投资的账务处理

经济业务	会计分录	
（1）购入债券	借：对外投资——债券 　　贷：银行存款	101 000 101 000
（2）确认投资收益	借：应收款 　　贷：投资收益	6 000 6 000
（3）收到债券利息	借：银行存款 　　贷：应收款	6 000 6 000
（4）到期收回债券本息	借：银行存款 　　贷：对外投资——债券 　　　　投资收益	106 000 101 000 5 000

【工作实例3-13】以实物资产对外投资

某合作社以收割机一台对乡机械制造厂进行联营投资，该设备账面原价为50 000元，已提折旧15 000元，经评估确认其价值为40 000元。相关账务处理见表3-19。

表3-19 实物资产对外投资

经济业务	会计分录	
对外投资	借：对外投资 　　累计折旧 　　贷：固定资产 　　　　资本公积	40 000 15 000 50 000 5 000

项目实施

针对"项目导入"中的经济业务，相关处理程序如下：

第一步：处理新成员投资

借：银行存款　　　　　　　　　　　　　　　　　　　　80 000

　贷：股金——张强　　　　　　　　　　　　　　　　　50 000

　　　资本公积　　　　　　　　　　　　　　　　　　　30 000

第二步：政府补贴采购设备

（1）收到补贴资金：

借：银行存款　　　　　　　　　　　　　　　　　　　200 000

　贷：专项应付款——政府补助　　　　　　　　　　　200 000

（2）支付设备款：

借：固定资产——智能灌溉设备　　　　　　　　　　　250 000

　贷：银行存款　　　　　　　　　　　　　　　　　　　50 000

	专项应付款——政府补助	200 000

（3）结转专项基金：

借：专项应付款——政府补助 200 000

　　贷：专项基金 200 000

第三步：长期借款核算

（1）收到借款：

借：银行存款 300 000

　　贷：长期借款——农商行 300 000

（2）年末计提利息（年利息=300 000×5%=15 000元）：

借：财务费用——利息 15 000

　　贷：应付利息 15 000

（3）实际支付利息：

借：应付利息 15 000

　　贷：银行存款 15 000

第四步：对外股权投资

（1）购入股权：

借：对外投资——生物科技公司 100 000

　　贷：银行存款 100 000

（2）收到分红（假设次年分红8 000元）：

借：银行存款 8 000

　　贷：投资收益 8 000

第五步：实物资产对外投资

（1）转出资产并确认评估差额：

借：对外投资——加工企业 50 000

　　累计折旧 20 000

　　贷：固定资产——烘干机 60 000

　　　资本公积 10 000

（2）评估价与账面净值的差额10 000元计入资本公积。

德技并修

案例引入：某农机合作社计划扩大生产规模，需要筹集资金100万元。理事长李明提出两种方案：

方案一：向社员增发股金，承诺年分红率8%；

方案二：向农商行申请长期贷款，年利率6%。

社员张华建议优先选择低风险的融资方式。最终，合作社通过社员大会表决，决定以"股金+政府补贴"组合方式筹资，既降低负债压力，又保障社员权益。

德育要素：诚信为本　公平公正

职业点拨：合作社应如实记录所有者投资，杜绝虚增股金或挪用补贴资金。资本公积的核算须严格遵循"出资额与股权份额差额"原则，确保权益清晰。借款筹资须充分披露还款计划与利息负担，避免因信息不透明引发社员矛盾。政府补贴资金必须专款专用，会计人员须建立专项台账，定期审计资金流向，确保符合政策要求。合作社投资须评估被投资单位的经营稳定性，实物投资须合理评估资产公允价值。

正确处理短期利益与长远发展的关系，培育新型农业经营主体的可持续发展能力。农业会计的特殊性在于，其不仅是核算当期损益，更是在为子孙后代计量生态财富。这种核算思维的本质，是将"绿水青山就是金山银山"的发展理念量化为具体科目。唯有让会计成为可持续发展的"规划师"，才能破解"竭泽而渔"的发展困局，真正培育出具有百年视野的新型农业经营主体。

项目测试3-1

在线答题

📝 项目测试

一、单选题

1.合作社收到社员张某以银行存款方式投入股金50 000元，会计分录为（　　　）。

A.借：银行存款　　　　　　　　　　　　　　　　　　50 000

　　贷：股金　　　　　　　　　　　　　　　　　　　　　　50 000

B.借：库存现金　　　　　　　　　　　　　　　　　　50 000

　　贷：资本公积　　　　　　　　　　　　　　　　　　　　50 000

C.借：银行存款　　　　　　　　　　　　　　　　　　50 000

　　贷：其他收入　　　　　　　　　　　　　　　　　　　　50 000

D.借：股金　　　　　　　　　　　　　　　　　　　　50 000

　　贷：银行存款　　　　　　　　　　　　　　　　　　　　50 000

2.合作社向农商行借款200 000元，期限1年，年利率6%，按月计提利息的金额为（　　　）元。

A.1 000　　　　　　　B.12 000　　　　　　　C.2 000　　　　　　　D.6 000

3.实物资产对外投资时，评估价值高于账面价值的差额应计入（　　　）。

A.经营收入　　　　　B.其他支出　　　　　C.资本公积　　　　　D.投资收益

4.合作社收到社员入社资金，实际金额超过股金份额的部分应计入（　　　）。

A.其他收入　　　　　B.资本公积　　　　　C.专项基金　　　　　D.预收账款

5.合作社购买债券时支付的手续费应计入（　　　）。

A.财务费用　　　　　B.对外投资成本　　　C.管理费用　　　　　D.其他支出

二、多选题

1.合作社的筹资方式包括（　　　）。

A.社员股金　　　　　　　　　　　　　B.政府补贴

C.金融机构借款　　　　　　　　　　　D.销售农产品收入

2.以下各项中，属于对外股权投资核算要点的有（　　　）。

A.使用"对外投资"科目　　　　　　B.收到现金股利时冲减投资成本

C.股票出售差额计入投资收益　　　　D.股票股利在备查簿登记

3.政府补贴资金的使用限制包括（　　　）。

A.必须专款专用　　　　　　　　　　B.可自由支配

C.需转入"专项基金"　　　　　　　D.结余需退回财政

4.社员入社时可能涉及的会计科目有（　　　）。

A."股金"　　　　　　　　　　　　　B."资本公积"

C."银行存款"　　　　　　　　　　　D."专项基金"

5.合作社使用政府补助资金购置固定资产时，应编制的会计分录有（　　　）。

A.借：固定资产　　　　　　　　　　B.借：专项应付款

　　贷：银行存款　　　　　　　　　　　贷：专项基金

C.借：银行存款　　　　　　　　　　D.借：管理费用

　　贷：专项应付款　　　　　　　　　　贷：银行存款

三、判断题

1.合作社向非金融机构借款须通过"短期借款"科目核算。　　　　　　（　　　）

2.资本公积转增股金时，须按社员原持股比工作实例分配。　　　　　（　　　）

3.实物资产对外投资的评估价值必须由合作社自行决定。　　　　　　（　　　）

4.合作社的盈余是指一定会计期间的收入总额。　　　　　　　　　　（　　　）

5.社员入社时，实际出资金额必须等于股金份额。　　　　　　　　　（　　　）

四、业务题

1.某合作社收到政府补贴200 000元用于建设冷库，实际支付冷库设备款180 000元，剩余资金退回财政。

要求：

（1）编制收到补贴资金、支付设备款及结转专项基金的会计分录。

（2）计算并说明退回资金的账务处理。

2.某农机专业合作社2025年4月发生以下业务：

（1）收到成员李某以银行存款方式投入的资本金50 000元。

（2）将资本公积30 000元转增为股金，成员张某占股比例为20%。

（3）向农商行借款10 000元，期限为1年，年利率为5%，到期一次还本付息。

（4）购入某公司发行的债券50 000元，年利率为4%，每年付息一次。

（5）销售自产的农机具一批，成本为80 000元，售价为100 000元，款项已收存银行，享受增值税免税政策。

要求：请根据以上业务编制相应的会计分录。

项目评价

本项目评价见表3-20。

表3-20　　　　　　　　　　　　　　项目评价表

项目名称		筹资和投资的会计核算		
评价要点		评分标准	学生自评（50%）	教师评价（50%）
知识掌握（30分）	理解筹资与投资的概念及分类（10分）	· 优秀（8~10分）：准确区分筹资与投资的类型，并能举例说明。 · 良好（5~7分）：基本理解但存在细节混淆。 · 待改进（0~4分）：概念模糊或分类错误		
	掌握筹资环节的会计处理方法（股金、政府补贴、借款等）（10分）			
	熟悉投资环节的会计处理方法（股权、债权、实物资产）（10分）			
技能提升（40分）	能够正确编制筹资环节的会计分录（10分）	· 优秀（8~10分）：分录无错误，计算准确，分析全面。 · 良好（5~7分）：分录有1~2处错误，计算逻辑正确且结果偏差不超过5%。 · 待改进（0~4分）：分录错误多于或等于3处，计算逻辑混乱		
	能够正确编制投资环节的会计分录（10分）			
	能够分析筹资与投资的税务影响（10分）			
	能够进行风险防控与合规操作（10分）			
素质养成（30分）	具有诚信经营意识与资金管理合规意识（10分）	· 优秀（8~10分）：案例分析决策合理，主动提出合规建议。 · 良好（5~7分）：能完成基础分析但缺乏创新。 · 待改进（0~4分）：决策违背职业伦理或缺乏团队贡献		
	具有社会责任感与风险防控思维（10分）			
	具有团队协作与沟通能力（10分）			
综合评价成绩（100分）				
学生自评：				
			学生签字：	
教师评语：				
			教师签字：	

项目四

采购环节的会计核算

知识目标

1. 理解农民专业合作社存货分类与生物资产的界定标准。
2. 理解增值税专用发票、增值税普通发票的入账规则。
3. 掌握分期付款、政府补助采购等复杂业务的账务处理方法。

技能目标

1. 能够填制采购材料业务的记账凭证。
2. 能够处理含运费、损耗的复合采购业务。
3. 能够编制生物资产、固定资产、无形资产入账分录。

素养目标

1. 培育农产品成本核算的精准意识。
2. 强化涉税业务的合规操作观念。
3. 树立合作社集体资产保全责任观。

【知识导图】

【项目导入】

2025年3月，某农民专业合作社开展水稻种植与生猪养殖业务。在采购过程中发生以下业务：

（1）向农资公司采购水稻种子10 000元（开具增值税普通发票）、化肥15 000元（开具增值税专用发票，税率9%），共同发生运费2 000元（开具增值税普通发票）。

（2）向成员李某赊购育肥幼猪50头，总价60 000元，分3期支付，首付30%，另外2期各支付35%。

（3）使用政府补助资金200 000元购置联合收割机，收割机含税价220 000元，不足部分由合作社自行补齐，另支付安装费5 000元。

（4）自主研发水稻育苗技术并申请专利，研发阶段支出材料费30 000元，专利注册费8 000元。

（5）采购包装袋1 000个，单价5元，运输损耗50个，损耗率5%。

思考：

（1）如何核算混合采购中种子、化肥的运费分摊？若合作社为一般纳税人，取得增值税专用发票与普通发票时应如何区别处理？

（2）向成员赊购育肥幼猪时，分3期支付款项，应如何编制采购、付款分录？

（3）使用政府专项补助购置的联合收割机发生安装调试费，应如何确认固定资产初始成本？

（4）自主研发水稻育苗技术过程中，如何区分费用化与资本化支出？取得专利证书时的注册费应如何入账？

（5）采购包装袋发生5%合理运输损耗，是否影响存货单位成本？应编制何种会计分录？

任务一　采购存货的会计核算

知识精讲4-1

采购存货的
会计核算

一、自行购买存货的会计核算

（一）会计核算要点

1.存货的范围

农民专业合作社的存货是指合作社在日常经营中持有并用于生产、加工或销售的各类物资，具体包括：

（1）生产资料：种子、化肥、农药、农膜等直接用于农业生产的物资。

（2）生产工具：机械零配件、柴油燃料、低值易耗品（如农具、包装袋）。

（3）经营成果：已收获的农产品、加工后的工业产成品等。

知识拓展4-1

农民专业合作
社采购的步骤

2.会计科目设置

（1）采购存货统一通过"产品物资"科目核算，下设"材料"二级科目，并按物资具体品类进行明细分类。

（2）根据支付方式，对应使用"库存现金""银行存款""应付款""成员往来"等科目。

3.存货成本

存货成本包括购买价款、相关税费、运输费、装卸费、合理损耗及其他直接费用。

知识拓展4-2

增值税一般纳
税人与小规模
纳税人

4.增值税处理原则

（1）须区分合作社为增值税一般纳税人或小规模纳税人。

（2）增值税一般纳税人采购产品用于非免税项目，取得增值税专用发票可抵扣进项税额单独列示。

（3）普通发票全额计入成本。

（二）账务处理流程

购入材料的账务处理见表4-1。

知识拓展4-2

政策点拨4-1

农产品免征增
值税和进项税
额抵扣政策

表4-1　　　　　　　　　　　　　　购入材料的账务处理

经济业务	会计分录
（1）使用现金付款	借：产品物资——材料 　　贷：库存现金
（2）使用银行存款付款	借：产品物资——材料 　　贷：银行存款
（3）向外部单位进行赊购	借：产品物资——材料 　　贷：应付款——××公司
（4）向成员单位进行赊购	借：产品物资——材料 　　贷：成员往来——××

（1）"产品物资"科目应当按照物资品类设置明细科目进行核算。

（2）"应付款""成员往来"科目应当按照对方名称设置明细科目进行核算。

（3）如收到增值税普通发票不可抵扣增值税，增值税应全部记入"产品物资"科目。

（4）如合作社为一般纳税人，且采购项目未用于免税项目，则按照收到的增值税专用发票金额借记"应交税费——应交增值税（进项税额）"科目。

（三）实务案例解析

【工作实例4-1】赊购化肥（增值税专用发票）

某合作社是增值税一般纳税人，2025年3月，合作社从外部单位甲公司购入化肥1 000千克，取得增值税专用发票，显示货款共计5 000元，款项暂未支付，现金支付运杂费100元，取得增值税普通发票，化肥已运输入库。化肥增值税税率为9%。相关账务处理见表4-2。

表4-2　合作社购入材料的账务处理

经济业务	会计分录
向外部单位购入化肥并入库	借：产品物资——化肥　4 687.16（4 587.16+100） 　　应交税费——应交增值税（进项税额）　412.84 贷：库存现金　100 　　应付款——甲公司　5 000

【特别提示4-2】

（1）化肥不含税金额=含税金额÷（1+增值税税率）。

（2）收到增值税普通发票不可抵扣增值税，全部计入产品物资成本。

【工作实例4-2】现金采购种子（增值税普通发票）

2025年3月，某合作社现金购买水稻种子500千克，单价20元/千克，取得增值税普通发票，金额为10 000元，另支付运费200元（普通发票），种子已验收入库。相关账务处理见表4-3。

表4-3　合作社购入种子的账务处理

经济业务	会计分录
向外部单位购入种子并入库	借：产品物资——种子　10 200（10 000+200） 贷：库存现金　10 200

【特别提示4-3】

普通发票不可抵扣增值税，全部计入产品物资成本。

【工作实例4-3】向成员赊购农产品（混合支付）

2025年3月15日，某合作社向成员李某赊购小麦2 000千克，协议价4元/千克

（总价 8 000 元）。3 月 22 日收货时，现金支付 50% 货款，余款次月结清。相关账务处理见表 4-4。

表4-4　　　　　　　　　　向成员赊购农产品的账务处理

经济业务	会计分录	
（1）收货时	借：产品物资——小麦	8 000
	贷：库存现金	4 000
	成员往来——李某	4 000
（2）次月支付余款	借：成员往来——李某	4 000
	贷：库存现金	4 000

【工作实例4-4】分期付款采购饲料（含运费与损耗）

2025 年 3 月，某合作社向外部乙公司购入饲料 10 吨，单价 3 000 元，总价 30 000 元，合同约定分 3 期支付。运输途中合理损耗 0.2 吨，现金支付运费 1 000 元。相关账务处理见表 4-5。

表4-5　　　　　　　　　　分期付款采购饲料的账务处理

经济业务	会计分录	
（1）收货时（按实际数量 9.8 吨入库）	借：产品物资——饲料	31 000（30 000+1 000）
	贷：应付款——乙公司	30 000
	库存现金	1 000
（2）每期支付 10 000 元	借：应付款——乙公司	10 000
	贷：银行存款	10 000

【特别提示4-4】

合理损耗计入总成本。

【工作实例4-5】采购低值易耗品（工具）

2025 年 3 月 28 日，某合作社现金购买农用工具（锄头、镰刀等）20 件，单价 50 元，取得增值税普通发票，金额为 1 000 元，现金支付运费 50 元，工具直接交付使用。相关账务处理见表 4-6。

表4-6　　　　　　　　　　采购低值易耗品的账务处理

经济业务	会计分录	
采购低值易耗品	借：产品物资——低值易耗品——工具	1 050（1 000+50）
	贷：库存现金	1 050

【特别提示4-5】

低值易耗品单次采购金额较小，直接借记"产品物资——低值易耗品"，按品类明细核算。

【工作实例4-6】赊购辅助材料

某合作社为一般纳税人。2025年3月28日，合作社向外部单位丙公司赊购包装袋1 000个，单价2元，增值税专用发票注明货款2 000元、税额260元，暂未支付。相关账务处理见表4-7。

表4-7 赊购辅助材料账务处理

经济业务	会计分录	
赊购辅助材料	借：产品物资——辅助材料——包装袋	2 000
	应交税费——应交增值税（进项税额）	260
	贷：应付款——丙公司	2 260

【特别提示4-6】

（1）辅助材料不构成产品实体，但辅助生产活动，须单独设置明细科目。

（2）一般纳税人取得增值税专用发票，进项税额可抵扣。

【工作实例4-7】混合支付采购农膜

2025年3月，某合作社采购农膜500卷，总价6 000元，取得增值税普通发票，现金支付3 000元，余款通过银行转账支付，另现金支付装卸费200元。相关账务处理见表4-8。

表4-8 混合支付采购农膜的账务处理

经济业务	会计分录	
混合支付采购农膜	借：产品物资——辅助材料——农膜	6 200（6 000+200）
	贷：库存现金	3 200（3 000+200）
	银行存款	3 000

【特别提示4-7】

（1）混合支付时按实际支付方式分别贷记"库存现金"和"银行存款"科目。

（2）普通发票不可抵扣，成本包含全部支出。

【工作实例4-8】向成员采购有机肥辅料（现金预付）

2025年3月28日，某合作社预付成员张某2 000元现金采购有机肥辅料。4月2日收货时，辅料总价1 800元，余款200元退回。相关账务处理见表4-9。

表4-9 向成员采购并现金预付的账务处理

经济业务	会计分录	
（1）预付时	借：成员往来——张某	2 000
	贷：库存现金	2 000
（2）收货并结算	借：产品物资——辅助材料——有机肥	1 800
	库存现金	200
	贷：成员往来——张某	2 000

二、受托代购商品的会计核算

（一）会计核算要点

1.会计科目设置

"受托代购商品"科目核算代购物资的收付，代购款项通过"应付款"或"成员往来"记录。

2.受托代购商品计价原则

（1）受托代购商品成本范围：代购商品的实际采购价、运费、税费等。

（2）手续费收入记入"经营收入"科目。

3.受托代购商品的增值税处理

（1）合作社为受托方，代购手续费按"经纪代理服务"缴纳增值税（税率6%）。

（2）代购物资的增值税发票直接由供应商开具给委托方，合作社不确认进项税额。

（二）账务处理流程

受托代购商品的账务处理见表4-10。

表4-10　　　　　　　　　　受托代购商品的账务处理

经济业务	会计分录
（1）收到委托方代购款	借：银行存款/库存现金 　贷：应付款——委托方（外部单位） 　　　成员往来——××成员（成员单位）
（2）采购代购物资	借：受托代购商品——××品类 　贷：银行存款/库存现金
（3）交付物资并结算	借：应付款——委托方（或成员往来） 　贷：受托代购商品——××品类 　　　经营收入——代购服务费（手续费） 　　　银行存款/库存现金（退还余款）
（4）补收差额	借：银行存款/库存现金 　贷：应付款——委托方（或成员往来）

（三）实务案例解析

【工作实例4-9】受托代购农药（含手续费）

2025年3月11日，某合作社接受成员张某委托代购农药100瓶，预收代购款5 000元。3月18日发货时，实际采购价4 200元，由供应商直接开票给张某，现金支付运费150元，收取代购手续费300元，余款350元退还张某。相关账务处理见表4-11。

表4-11　　　　　　　　　受托代购农药（含手续费）的账务处理

经济业务	会计分录	
（1）收到预付款	借：库存现金 　贷：成员往来——张某	5 000 5 000

续表

经济业务	会计分录
（2）采购并支付费用	借：受托代购商品——农药　　4 350（4 200+150） 　　贷：库存现金　　　　　　　　　　　　　　4 350
（3）交付物资并结算	借：成员往来——张某　　5 000 　　贷：受托代购商品——农药　　　　　　　4 350 　　　　经营收入——代购服务费　　　　　　300 　　　　库存现金　　　　　　　　　　　　　350

【工作实例4-10】受托代购农机配件（外部单位委托）

　　2025年3月13日，某合作社接受外部丁公司委托代购农机配件，预收代购款10 000元。3月18日发货时，实际采购价8 500元，支付运费400元，手续费500元。相关账务处理见表4-12。

表4-12　　　　　　受托代购农机配件（外部单位委托）的账务处理

经济业务	会计分录
（1）收到预付款	借：银行存款　　10 000 　　贷：应付款——丁公司　　　　　　　　10 000
（2）采购并支付费用	借：受托代购商品——机械配件　　8 900（8 500+400） 　　贷：银行存款　　　　　　　　　　　　　8 900
（3）交付物资并确认收入	借：应付款——丁公司　　10 000 　　贷：受托代购商品——机械配件　　　　8 900 　　　　经营收入——代购服务费　　　　　500 　　　　银行存款　　　　　　　　　600（退还余款）

【特别提示4-8】

　　手续费收入500元，按6%计算增值税销项税额=500÷1.06×6%=28.30元。

任务二　采购生物资产的会计核算

知识精讲4-2

采购生物资产
的会计核算

　　生物资产是农民专业合作社的重要生产资料，根据用途可分为消耗性生物资产（如农作物、蔬菜、用材林）、生产性生物资产（如奶牛、果树、种畜）和公益性生物资产（如防风固沙林、水土保持林）。

一、购买消耗性生物资产的会计核算

　　消耗性生物资产是指为出售而持有的，或在将来收获为农产品的生物资产，包括生长中的大田作物、蔬菜、用材林以及存栏待售的牲畜等。

（一）会计核算要点

1.会计科目设置

通过"消耗性生物资产"科目核算，按资产种类设置明细科目。

2.消耗性生物资产成本范围

消耗性生物资产包括购买价款、运输费、保险费、税费、种植前整地费、种苗费等直接支出。

（二）账务处理流程

购入消耗性生物资产的账务处理流程见表4-13。

表4-13　　　　　　　　　　　购入消耗性生物资产的账务处理

经济业务	会计分录
（1）现金/银行存款购买	借：消耗性生物资产——××品类 　　贷：库存现金/银行存款
（2）向外部单位赊购	借：消耗性生物资产——××品类 　　贷：应付款——××单位
（3）向成员赊购	借：消耗性生物资产——××品类 　　贷：成员往来——××成员
（4）分期付款采购	①收货时： 借：消耗性生物资产——××品类 　　贷：应付款——××单位 ②分期支付时： 借：应付款——××单位 　　贷：银行存款/库存现金
（5）预付采购款	①预付时： 借：成员往来/应收款——××单位 　　贷：库存现金/银行存款 ②收货结算： 借：消耗性生物资产——××品类 　　贷：成员往来/应收款——××单位

（三）实务案例解析

【工作实例4-11】现金购买育肥幼猪

2025年3月，某合作社现金购买育肥幼猪100头，单价200元，总价20 000元，现金支付运费300元。相关账务处理见表4-14。

表4-14　　　　　　　　　　　现金购买消耗性生物资产账务处理

经济业务	会计分录	
现金购买消耗性生物资产	借：消耗性生物资产——育肥幼猪	20 300
	贷：库存现金	20 300

【工作实例4-12】分期付款购买番茄苗

2025年3月，某合作社分期购买番茄苗2000株，总价6000元，合同约定首付3000元（银行存款），余款3个月后付清，另现金支付栽种人工费500元。相关账务处理见表4-15。

表4-15　　　　　　　　分期付款购买消耗性生物资产的账务处理

经济业务	会计分录	
（1）采购番茄苗并支付首付款	借：消耗性生物资产——番茄苗 　　贷：银行存款 　　　　应付款——××苗圃	6 000 3 000 3 000
（2）计提人工栽种费用	借：消耗性生物资产——番茄苗 　　贷：应付劳务费	500 500
（3）支付栽种费用	借：应付劳务费 　　贷：库存现金	500 500

【工作实例4-13】向成员采购蔬菜种苗（现金预付）

2025年3月12日，某合作社预付成员王某2000元采购黄瓜种苗。3月27日实际收货时，种苗总价1800元，余款退回。相关账务处理见表4-16。

表4-16　　　　　　　　向成员预付采购蔬菜种苗的账务处理

经济业务	会计分录	
（1）预付时	借：成员往来——王某 　　贷：库存现金	2 000 2 000
（2）收货时	借：消耗性生物资产——黄瓜种苗 　　库存现金 　　贷：成员往来——王某	1 800 200 2 000

【工作实例4-14】采购用材林

2025年3月，某合作社购买杨树苗1500株，单价5元，总价7500元，银行转账支付运费600元、保险费300元。相关账务处理见表4-17。

表4-17　　　　　　　　采购用材林的账务处理

经济业务	会计分录	
采购用材林	借：消耗性生物资产——用材林（杨树）　8 400（7 500+600+300） 　　贷：银行存款	 8 400

二、购买生产性生物资产的会计核算

（一）会计核算要点

1.生产性生物资产的概念

生产性生物资产是指为产出农产品、提供劳务或出租等目的而持有的生物资产，包括经济林、薪炭林、产畜和役畜等。

2.会计科目设置

生产性生物资产通过"生产性生物资产"科目核算，按资产种类（如奶牛、果树）设置明细科目。

3.生产性生物资产成本的范围

生产性生物资产成本包括购买价款、运输费、保险费、税费、专业人员服务费，以及达到预定用途前的合理支出。

（二）账务处理流程

购入生产性生物资产的账务处理见表4-18。

表4-18　　　　　　　　　　购入生产性生物资产的账务处理

经济业务	会计分录
（1）现金/银行存款购买	借：生产性生物资产——××品类 　　贷：库存现金/银行存款
（2）向外部单位赊购	借：生产性生物资产——××品类 　　贷：应付款——××单位
（3）向成员赊购	借：生产性生物资产——××品类 　　贷：成员往来——××成员
（4）政府补助采购	收到政府补助时： 借：银行存款 　　贷：专项应付款 购买资产时： 借：生产性生物资产——××品类 　　贷：银行存款 同时： 借：专项应付款 　　贷：专项基金

【特别提示4-9】

政府补助情况较多，本任务仅列明最常见的情形，即先收到政府补助再购买资产。其余情形将在"项目七 盈余及盈余分配的会计核算"中详细讲解。

（三）实务案例解析

【工作实例4-15】现金购买奶牛

2025年3月，某合作社购入成年奶牛5头，单价12 000元，总价值60 000元，采用现金支付，另用现金支付运输费2 000元。相关账务处理见表4-19。

表4-19　　　　　　　　　　现金购买奶牛的账务处理

经济业务	会计分录	
现金购买奶牛	借：生产性生物资产——奶牛 　　贷：库存现金	62 000 62 000

【工作实例4-16】采购桑树（含后续养护费）

2025年3月，某合作社购买桑树苗1 000株，单价15元，总价15 000元，现金支付栽种后首月养护费800元。相关账务处理见表4-20。

表4-20 采购桑树的账务处理

经济业务	会计分录	
（1）采购树苗	借：生产性生物资产——桑树 　　贷：银行存款	15 000 15 000
（2）支付养护费	借：生产性生物资产——桑树 　　贷：库存现金	800 800

【工作实例4-17】收到政府补助后购入种猪（专项基金）

2025年3月，某合作社利用政府专项补助资金购买种猪20头，总价100 000元，银行转账支付运输费5 000元。相关账务处理见表4-21。

表4-21 收到政府补助后购入种猪的账务处理

经济业务	会计分录	
（1）收到政府补助时	借：银行存款 　　贷：专项应付款	100 000 100 000
（2）购入种猪时	借：生产性生物资产——种猪 　　贷：银行存款 同时： 借：专项应付款 　　贷：专项基金——政府补助	105 000 105 000 100 000 100 000

【工作实例4-18】向成员购买种羊（混合支付）

2025年3月14日，某合作社向成员李某购买种羊10只，总价50 000元。3月25日收货时，现金支付30 000元，余款次月结清。相关账务处理见表4-22。

表4-22 向成员购买种羊的账务处理

经济业务	会计分录	
向成员购买种羊（混合支付）	借：生产性生物资产——种羊 　　贷：库存现金 　　　　成员往来——李某	50 000 30 000 20 000

三、购买公益性生物资产的会计核算

（一）会计核算要点

1.公益性生物资产的概念

公益性生物资产以生态效益为导向，主要用于防风固沙、水土保持、水源涵养，如防风固沙林、水土保持林等。

2.会计科目设置

公益性生物资产通过"公益性生物资产"科目核算，按资产种类设置明细科目。

3.公益性生物资产的成本范围

公益性生物资产的成本包括购买价款、运输费、栽种费、管护费等，不计提折旧。

4.资金来源

公益性生物资产的资金通常来源于政府补助或合作社公益基金，须通过"专项基金"科目核算。

（二）账务处理流程

购入公益性生物资产的账务处理见表4-23。

表4-23　　　　　　　　　　购入公益性生物资产的账务处理

经济业务	会计分录
（1）政府拨款采购	收到政府补助时： 借：银行存款 　　贷：专项应付款 购买资产时： 借：公益性生物资产——××品类 　　贷：银行存款 同时： 借：专项应付款 　　贷：专项基金
（2）接受捐赠并支付费用	借：公益性生物资产——××品类 　　贷：专项基金——捐赠收入 　　　　库存现金/银行存款（支付费用）

（三）实务案例解析

【工作实例4-19】政府拨款购买防风林

2025年3月，某合作社收到政府拨款50 000元专项用于购买防风林，购入松树苗2 500株，单价20元，银行转账支付运输费2 000元。相关账务处理见表4-24。

表4-24　　　　　　　　　　政府拨款购买防风林的账务处理

经济业务	会计分录		
政府拨款购买防风林	收到政府补助时： 借：银行存款 　　贷：专项应付款 购买资产时： 借：公益性生物资产——防风林 　　贷：银行存款 同时： 借：专项应付款 　　贷：专项基金——政府补助	50 000 52 000 50 000	 50 000 52 000 50 000

【工作实例4-20】接受捐赠水土保持林

2025年3月，某合作社接受外部企业捐赠柏树苗1 500株，公允价值30 000元，现金支付栽种费4 000元。相关账务处理见表4-25。

表4-25　　　　　　　　　　　接受捐赠水土保持林的账务处理

经济业务	会计分录
接受捐赠水土保持林	借：公益性生物资产——水土保持林　　　　　34 000 　贷：专项基金——捐赠收入　　　　　　　　　　30 000 　　　库存现金　　　　　　　　　　　　　　　　4 000

任务三　采购固定资产的会计核算

知识精讲4-3

采购固定资产
的会计核算

一、认识固定资产

（一）固定资产的概念

固定资产是指合作社为生产、提供服务或管理而持有的，使用年限超过1年且单位价值较高的有形资产，如农机具、运输车辆、生产设备、仓库房屋等。

（二）固定资产的分类

固定资产分为生产用固定资产（如拖拉机、收割机、加工设备、厂房）、管理用固定资产（如办公设备、仓库）、公益性固定资产（如灌溉设施、集体道路）。

二、采购固定资产的会计核算要点

（1）固定资产的初始成本构成：购买价款、相关税费（如车辆购置税）、运输费、安装调试费、专业人员服务费等。

（2）会计科目设置：固定资产通过"固定资产"科目核算，按资产类别设置明细科目。

（3）固定资产的后续计量：按月计提折旧，记入"累计折旧"科目。

三、采购固定资产的账务处理

采购固定资产的账务处理见表4-26。

表4-26　　　　　　　　　　　采购固定资产的账务处理

经济业务	会计分录
（1）现金/银行存款购买	借：固定资产——××类别 　贷：库存现金/银行存款
（2）赊购（外部单位）	借：固定资产——××类别 　贷：应付款——××单位

续表

经济业务	会计分录
（3）分期付款采购	①收货时： 借：固定资产——××类别 　　贷：应付款——××单位 ②分期支付： 借：应付款——××单位 　　贷：银行存款
（4）政府补助购入	收到政府补助时： 借：银行存款 　　贷：专项应付款 购买资产时： 借：固定资产——××品类 　　贷：银行存款 同时： 借：专项应付款 　　贷：专项基金
（5）自建固定资产	①建造期间： 借：在建工程——××项目 　　贷：银行存款/应付工资等 ②竣工验收： 借：固定资产——××类别 　　贷：在建工程——××项目

四、实务案例解析

（一）购入无须安装的固定资产

【工作实例4-21】现金购买拖拉机（含运输费）

2025年3月，某合作社用银行存款购买一台拖拉机，发票价格120 000元，现金支付运输费3 000元，已交付使用。相关账务处理见表4-27。

表4-27　　　　　　　　　　现金购买拖拉机的账务处理

经济业务	会计分录
现金购买拖拉机	借：固定资产——农机具（拖拉机）　　　　123 000 　　贷：银行存款　　　　　　　　　　　　　120 000 　　　　库存现金　　　　　　　　　　　　　 3 000

【特别提示4-10】

运输费计入固定资产成本，不单独列支。

【工作实例4-22】政府补助购入太阳能发电设备

2025年3月，某合作社收到政府专项补助100 000元用于购买太阳能发电设备，设备总价150 000元，差额用银行存款支付。相关账务处理见表4-28。

表4-28　政府补助购入太阳能发电设备的账务处理

经济业务	会计分录	
政府补助购入太阳能发电设备	借：固定资产——发电设备 　贷：专项基金——政府补助 　　　银行存款	150 000 100 000 50 000

【工作实例4-23】接受捐赠冷链仓储设备

2025年3月，合作社接受某企业捐赠冷链仓储设备一套，公允价值200 000元，支付安装费5 000元。相关账务处理见表4-29。

表4-29　接受捐赠冷链仓储设备的账务处理

经济业务	会计分录	
接受捐赠冷链仓储设备	借：固定资产——仓储设备 　贷：专项基金——捐赠收入 　　　银行存款	205 000 200 000 5 000

（二）购入需要安装的固定资产

【工作实例4-24】分期付款分包建造粮食烘干厂房

2025年3月，某合作社与建筑公司签订合同建造粮食烘干厂房，总造价500 000元，预付200 000元，剩余款项分2年支付。相关账务处理见表4-30。

表4-30　分期付款分包建造粮食烘干厂房的账务处理

经济业务	会计分录	
（1）预付工程款	借：在建工程——烘干厂房 　贷：银行存款	200 000 200 000
（2）完工验收并支付首期尾款150 000元	借：固定资产——房屋及建筑物 　贷：在建工程——烘干厂房 　　　银行存款 　　　应付款——建筑公司	500 000 200 000 150 000 150 000

【工作实例4-25】向成员赊购饲料加工设备

2025年3月，某合作社向成员李某赊购饲料加工设备一套，协议价90 000元，分3个月付清。银行存款支付安装费500元。相关账务处理见表4-31。

表4-31　向成员赊购饲料加工设备的账务处理

经济业务	会计分录	
（1）收货时	借：在建工程——生产设施——饲料加工设备 　贷：成员往来——李某	90 000 90 000

续表

经济业务	会计分录	
（2）支付安装费	借：在建工程——生产设施——饲料加工设备	500
	贷：银行存款	500
（3）安装完毕并交付使用	借：固定资产——生产设施——饲料加工设备	90 500
	贷：在建工程——生产设施——饲料加工设备	90 500
（4）每月支付30 000元	借：成员往来——李某	30 000
	贷：银行存款	30 000

【工作实例4-26】自建水果分选生产线

2025年3月，某合作社自行建造水果分选生产线，累计支付材料费60 000元、人工费20 000元。相关账务处理见表4-32。

表4-32　　　　　　　　　　自建水果分选生产线的账务处理

经济业务	会计分录	
（1）建造期间	借：在建工程——分选生产线	80 000
	贷：银行存款	60 000
	应付工资	20 000
（2）完工结转	借：固定资产——加工设备	80 000
	贷：在建工程——分选生产线	80 000

【工作实例4-27】自建厂房

2025年3月，某合作社新建厂房1间，购入水泥、钢筋、石子等建筑材料共计300 000元，全部通过银行存款支付。建设过程中领用本社存货A材料50 000元，为厂房建设支付村民李某、王某劳务费各20 000元，尚未支付。另现金支付工程水电费5 000元。工程已验收完工。相关账务处理见表4-33。

表4-33　　　　　　　　　　自建厂房的账务处理

经济业务	会计分录	
（1）购入建材	借：在建工程——厂房	300 000
	贷：银行存款	300 000
（2）领用本社存货	借：在建工程——厂房	50 000
	贷：产品物资——A材料	50 000
（3）应付劳务费	借：在建工程——厂房	40 000
	贷：应付劳务费——李某	20 000
	——王某	20 000
（4）支付水电费	借：在建工程——厂房	5 000
	贷：库存现金	5 000
（5）完工交付	借：固定资产——厂房	395 000
	贷：在建工程——厂房	395 000

任务四　采购无形资产的会计核算

一、认识无形资产

无形资产是指合作社拥有或控制的没有实物形态的可辨认非货币资产，如土地使用权、专利权、商标权、软件系统等。

二、采购无形资产的会计核算要点

（1）无形资产的确认条件：预期产生经济利益、成本能可靠计量。

（2）无形资产的初始成本构成：购买价款、相关税费（如过户费）、专业服务费（如法律咨询费）。

（3）会计科目设置：无形资产通过"无形资产"科目核算，按资产类型（如土地使用权、专利等）设置明细科目。

（4）无形资产的后续计量：按使用年限或收益期限分期摊销，记入"累计摊销"科目。

三、采购无形资产的账务处理

采购无形资产的账务处理见表4-34。

表4-34　　　　　　　　　　　采购无形资产的账务处理

经济业务	会计分录
（1）现金/银行存款购买	借：无形资产——××类别 　　贷：库存现金/银行存款
（2）赊购（外部单位）	借：无形资产——××类别 　　贷：应付款——××单位
（3）政府划拨、他人捐赠	①有相关凭据的，按照有关凭据注明金额和相关税费总额入账： 借：无形资产 　　贷：专项基金 ②无相关凭据，按照资产评估价值或比照同类或类似无形资产价格和相关税费总额入账： 借：无形资产 　　贷：专项基金 ③无法采用上述方法计价的： 借：无形资产（名义金额，人民币1元） 　　贷：专项基金 借：其他支出（取得无形资产发生的相关费用） 　　贷：库存现金/银行存款/应付款等
（4）自主研发技术（按依法取得时发生的注册费、律师费等实际支出入账）	借：无形资产——××技术 　　贷：银行存款

四、实务案例解析

【工作实例4-28】自主研发加工技术并支付注册费

某合作社自主研发一项农产品加工技术，研发过程中支付材料费、人工费共计20 000元（费用化处理，计入当期支出）。技术完成后，依法申请专利时支付注册费5 000元、律师费2 000元。相关账务处理见表4-35。

表4-35　　　　　　自主研发加工技术并支付注册费的账务处理

经济业务	会计分录
（1）研发阶段支出（费用化）	借：经营支出——研发费用　　　　　　20 000 　　贷：银行存款　　　　　　　　　　　　20 000
（2）资本化注册费、律师费	借：无形资产——加工技术专利　　7 000（5 000+2 000） 　　贷：银行存款　　　　　　　　　　　　7 000

【工作实例4-29】现金购买农产品加工技术专利

2025年3月，某合作社购买一项大米加工技术专利，总价50 000元，通过银行存款一次性支付。相关账务处理见表4-36。

表4-36　　　　　　现金购买农产品加工技术专利的账务处理

经济业务	会计分录
现金购买农产品加工技术专利	借：无形资产——加工技术专利　　　　50 000 　　贷：银行存款　　　　　　　　　　　　50 000

【工作实例4-30】分期支付土地承包经营权转让费

2025年3月，某合作社取得30亩土地承包经营权，转让费300 000元，分3年支付，首付100 000元。相关账务处理见表4-37。

表4-37　　　　　　分期支付土地承包经营权转让费的账务处理

经济业务	会计分录
（1）签订合同时	借：无形资产——土地使用权　　　　300 000 　　贷：银行存款　　　　　　　　　　　100 000 　　　　应付款——土地出让方　　　　　200 000
（2）每年支付100 000元	借：应付款——土地出让方　　　　　100 000 　　贷：银行存款　　　　　　　　　　　100 000

【工作实例4-31】政府划拨集体林权并支付勘测费

政府无偿划拨集体林权给某合作社。2025年3月28日，合作社用银行存款支付林权勘测费8 000元。该林权无法估值。相关账务处理见表4-38。

表4-38　　　　　　政府划拨集体林权并支付勘测费的账务处理

经济业务	会计分录
政府划拨集体林权并支付勘测费	借：无形资产——林权　　　　　　　　　　1 　　贷：专项基金——政府补助　　　　　　　　1 借：其他支出　　　　　　　　　　　8 000 　　贷：银行存款　　　　　　　　　　　8 000

【特别提示4-11】

政府划拨资产按名义金额（1元）入账，实际费用计入其他支出。

【工作实例4-32】购买农产品商标使用权

2025年3月，某合作社购买"××绿色农产品"商标10年使用权，一次性支付许可费120 000元。相关账务处理见表4-39。

表4-39　　　　　　　　　　　　**购买农产品商标使用权的账务处理**

经济业务	会计分录
购买农产品商标使用权	借：无形资产——商标使用权　　　　　　　　120 000 　　贷：银行存款　　　　　　　　　　　　　　　　120 000

项目实施

针对"项目导入"中的经济业务，相关账务处理如下：

第一步：按采购金额比例进行运费分摊

（1）确定分摊金额。

总采购额=10 000+15 000=25 000（元）

种子分摊运费=（10 000÷25 000）×2 000=800（元）

化肥分摊运费=（15 000÷25 000）×2 000=1 200（元）

（2）编制会计分录。

借：产品物资——种子　　　　　　　　　　10 800（10 000+800）

　　　产品物资——化肥　　　　　14 961.47［15 000÷（1+9%）+1 200］

　　　应交税费——应交增值税（进项税额）

　　　　　　　　　　　　　　　1 238.53［15 000÷（1+9%）×9%］

　　贷：银行存款　　　　　　　　　　　　　　　　25 000

　　　　库存现金　　　　　　　　　　　　　　　　2 000

因该合作社为一般纳税人，收到用于非免税项目的增值税专用发票可以进行抵扣，收到增值税普通发票需要计入产品成本，两者处理有差异。

第二步：编制分期付款的会计分录

（1）收货时：

借：消耗性生物资产——育肥幼猪　　　　　60 000

　　贷：成员往来——李某　　　　　　　　　　18 000（60 000×30%）

　　　　应付账款——李某　　　　　　　　　　42 000

（2）每期支付35%：

借：应付账款——李某　　　　　　　　　　　21 000

　　贷：银行存款　　　　　　　　　　　　　　　　21 000

第三步：编制用政府补助购买联合收割机的会计分录

借：固定资产——农机具　　　　　　　225 000（220 000+5 000）

　　贷：专项基金——政府补助　　　　　　　　　　　　　　　　　200 000
　　　　银行存款　　　　　　　　　　　　　　　　　　　　　　　　25 000

第四步：对自研的专利权研发费用进行划分

研发阶段，支出材料费30 000元需要进行费用化处理，专利注册费8 000元需要进行资本化处理。

（1）费用化：

借：经营支出——研发费用　　　　　　　　　　　　　　　　　　30 000
　　贷：银行存款　　　　　　　　　　　　　　　　　　　　　　　30 000

（2）资本化：

借：无形资产——育苗技术专利　　　　　　　　　　　　　　　　8 000
　　贷：银行存款　　　　　　　　　　　　　　　　　　　　　　　8 000

第五步：处理运输过程中的合理损耗

在运输过程中出现合理损耗，总成本不变，单位成本会发生变动。

总成本=1 000×5=5 000（元）

单位成本=5 000÷950=5.26（元）

会计分录如下：

借：产品物资——包装袋　　　　　　　　　　　　　　　　　　　5 000
　　贷：银行存款　　　　　　　　　　　　　　　　　　　　　　　5 000

德技并修

　　案例引入： 某农民专业合作社在2024年水稻种植季开展"精细化管理提升年"专项行动。会计团队主动牵头改革，建立起种子、化肥等物资的品类化二级明细核算体系，通过电子台账实现出入库数据实时更新。针对仓储难题，联合农技专家设计防潮改造方案，配置温湿度监控设备，全年开展库存质量检测12次。创新实施"采购—验收—入库—领用"四岗分离制度，引入条码扫描设备强化流程管控，使得存货盘点差异率从往年的8%大幅降至0.3%。在税务管理方面，通过设置增值税专用发票保管专柜、制作票据全流程跟踪表等措施，实现进项税额100%合规抵扣。尤为突出的是，会计团队每月在村务公开栏同步公示物资台账与会计账簿，最终推动收益分配方案在成员大会上全票通过。

　　德育要素： 主动担当　诚信为本　精益求精

　　职业点拨： 这一案例表明，职业道德与专业能力的有机融合是提升管理效能的核心动力。会计团队以主动担当的敬业精神打破传统管理桎梏，通过建立阳光透明的公示机制，将"诚信为本"的职业操守转化为成员信任的基石；更以精益求精的工匠精神，借助技术手段将管理误差压缩到极致，印证了"细节决定专业高度"的硬道理。这也启示从业者：在乡村全面振兴背景下，既要坚守职业道德底线筑牢公信力，又要善用专业工具构建精细化管控体系，让制度创新与技术赋能双轮驱动，最终实现经济效益与社会价值的共赢。

📝 项目测试

一、单选题

1.合作社采购农膜发生的装卸费应计入（　　）。

A.经营费用 　　　　　　　　　　B.产品物资成本

C.其他支出 　　　　　　　　　　D.固定资产

2.增值税普通发票的税务处理方式是（　　）。

A.价税分离核算 　　　　　　　　B.全额计入成本

C.计入进项税额 　　　　　　　　D.作为费用列支

3.下列各项中，应记入"消耗性生物资产"账户的是（　　）。

A.产奶期的奶牛 　　　　　　　　B.待售的育肥猪

C.果树幼苗 　　　　　　　　　　D.防风固沙林

4.合作社受托代购农机配件取得的手续费收入应缴纳（　　）。

A.9%增值税 　　　　　　　　　　B.6%增值税

C.企业所得税 　　　　　　　　　D.免税

5.生产性生物资产区别于消耗性生物资产的特征是（　　）。

A.持有目的为出售 　　　　　　　B.需要计提折旧

C.成本含运输费 　　　　　　　　D.可加工成农产品

二、多选题

1.存货成本包含（　　）。

A.合理损耗 　　　　　　　　　　B.采购人员差旅费

C.运输保险费 　　　　　　　　　D.入库前挑选费

2.以下科目中，需要设置明细科目的有（　　）。

A.产品物资 　　　　　　　　　　B.成员往来

C.经营收入 　　　　　　　　　　D.应交税费

3.生产性生物资产成本包括（　　）。

A.检疫费 　　　　　　　　　　　B.专业人员培训费

C.达到预定用途前的饲料费 　　　D.日常防疫费

4.固定资产初始计量应包含（　　）。

A.车辆购置税 　　　　　　　　　B.操作人员培训费

C.安装调试费 　　　　　　　　　D.质保期内维修费

5.增值税进项税额可抵扣的情形不包括（　　）。

A.免税项目采购 　　　　　　　　B.一般纳税人取得专用发票

C.用于集体福利 　　　　　　　　D.小规模纳税人采购

三、判断题

1.低值易耗品必须采用五五摊销法核算。 （　　　）

2.公益性生物资产需要计提折旧。　　　　　　　　　　　　　　（　　）

3.分期付款采购应按合同总价入账。　　　　　　　　　　　　　（　　）

4.代购商品发票应开给委托方。　　　　　　　　　　　　　　　（　　）

5.自建固定资产人工费应计入应付工资。　　　　　　　　　　　（　　）

四、业务题

2023年6月，某合作社（一般纳税人）发生以下业务：

（1）现金采购水稻种子800千克，取得增值税普通发票，金额为16 000元，运费400元；

（2）赊购化肥5吨，取得的增值税专用发票注明价款为20 000元，税率为9%，运费1 000元（普通发票）；

（3）使用银行存款预付成员王某采购仔猪款30 000元；

（4）收到政府无偿捐赠果树苗500株，公允价值15 000元，支付栽种费2 000元。

要求：编制上述业务的会计分录（须标注二级明细科目）。

项目评价

本项目评价见表4-40。

表4-40　　　　　　　　　　项目评价表

项目名称		采购环节的会计核算		
	评价要点	评分标准	学生自评（50%）	教师评价（50%）
知识掌握（30分）	掌握合作社生物资产的界定标准（10分）	·优秀（8~10分）：能准确回答知识点并举例应用。 ·良好（5~7分）：基本掌握知识点但存在细节疏漏。 ·待改进（0~4分）：概念模糊或混淆知识点的适用性		
	理解增值税专用发票、增值税普通发票的入账规则（10分）			
	掌握分期付款、政府补助采购等复杂业务的账务处理方法（10分）			
技能提升（40分）	能够正确编制会计分录（10分）	·优秀（8~10分）：分录无错误，计算准确，分析全面。 ·良好（5~7分）：分录有1~2处错误，计算逻辑正确且结果偏差不超过5%。 ·待改进（0~4分）：分录错误多于或等于3处，计算逻辑混乱		
	能够处理含运费、损耗的复合采购业务（10分）			
	能够填制采购材料业务的记账凭证（10分）			
	能够识别并防范税务风险（10分）			

评价要点		评分标准	学生自评（50%）	教师评价（50%）
素质养成（30分）	具有涉税业务的合规操作观念（10分）	·优秀（8~10分）：案例分析决策合理，主动提出合规建议。		
	具有集体资产保全责任观（10分）	·良好（5~7分）：能完成基础分析但缺乏创新。		
	团队协作与问题解决能力（10分）	·待改进（0~4分）：决策违背职业伦理或缺乏团队贡献		
综合评价成绩（100分）				

学生自评：

学生签字：

教师评语：

教师签字：

项目五

生产环节的会计核算

学习目标

知识目标

1. 掌握种植业和养殖业成本核算的品种法与分步法。
2. 熟悉直接费用与间接费用的归集方法。
3. 理解生产性生物资产、固定资产的折旧处理规则。

技能目标

1. 能够编制农作物全周期成本核算的会计分录。
2. 能够处理生产性生物资产的阶段结转。
3. 能够进行多品种成本分摊计算。

素养目标

1. 培养农产品成本核算的工匠精神。
2. 强化合作社的财务合规意识。
3. 树立服务"三农"的职业使命感。

【知识导图】

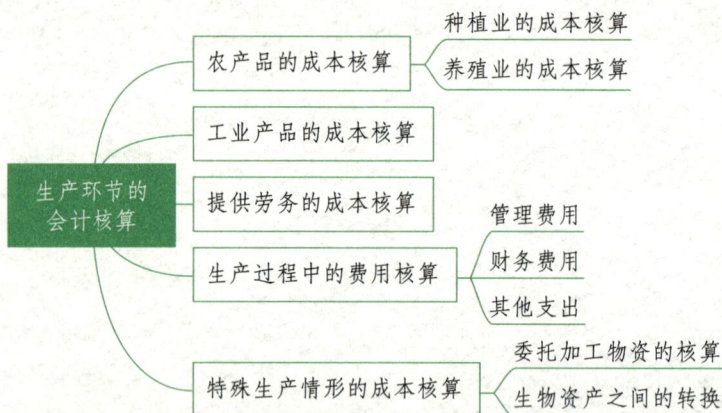

【项目导入】

广西某荔枝种植合作社2024年种植荔枝200亩，发生以下业务：

（1）投入荔枝树苗20 000元，有机肥15 000元，支付种植人工费30 000元；

（2）分摊灌溉费、管理费等间接费用合计10 000元；

（3）收获荔枝时产生荔枝核副产品5吨，市价1 000元/吨；

（4）荔枝树作为生产性生物资产，总成本500 000元，预计使用年限15年，残值率5%；

（5）收到政府"黄龙病防治专项补贴"80 000元，会计误将其用于发放管理人员奖金。

思考：

（1）如何归集荔枝种植的直接费用并分摊间接费用？

（2）荔枝核副产品应如何核算以准确计算主产品成本？

（3）如何计算并计提荔枝树的年折旧额？

（4）收到政府专项补贴的正确会计处理方式是什么？

（5）若合作社误用专项资金，应如何调整账务？

任务一　农产品的成本核算

知识精讲5-1

农产品的成本核算

根据《农民专业合作社会计制度》（财会〔2021〕37号），农民专业合作社农产品的成本核算须遵循"权责发生制"原则，明确成本归集范围，区分直接费用与间接费用，并按作物类型分类核算。下面以广西地区主要农作物为例，分一年生与多年生作物详细说明。

一、种植业的成本核算

(一)一年生农作物的成本核算

1.会计核算要点

(1)一年生农作物的概念:一年生农作物是指从播种到收获不超过一年的农作物,如水稻、玉米,以及部分跨年收获的作物,如冬小麦。

(2)一年生农作物的成本核算要点。

① 核算周期。按农作物完整生长周期归集成本,与自然年度无关。

② 核算方法。采用品种法,即以单一作物为核算对象,记录整个生长期的投入。

【特别提示5-1】

(1)不同品种间分摊:按种植面积比例或产量比例分配共用成本。

(2)副产品处理:将秸秆等副产品按市场价折算价值,从总成本中扣除后再计算主产品成本。

(3)一年生农作物的成本计算公式。

单位面积成本=(总投入成本-副产品价值)÷播种面积(亩)

单位产量成本=(总投入成本-副产品价值)÷主产品产量(千克)

知识拓展5-1

主产品和副产品的成本分配方法

2.账务处理流程

一年生农作物成本核算的账务处理见表5-1。

表5-1　　　　　　　　　　　一年生农作物成本核算的账务处理

经济业务	会计分录
(1)直接费用(种子、化肥、农药、人工等)	借:消耗性生物资产——××作物 　贷:产品物资(种子/化肥/农药) 　　　应付工资/库存现金(人工费)
(2)间接费用(灌溉费、共同生产费等)按面积或产量分摊	借:消耗性生物资产——××作物 　贷:生产成本——共同费用
(3)收获结转	借:产品物资——××作物 　贷:消耗性生物资产——××作物
(4)盘盈	借:消耗性生物资产——××作物 　贷:待处理财产损溢——待处理流动资产损溢
(5)毁损、盘亏	①发生毁损、盘亏时: 借:待处理财产损溢——待处理流动资产损溢(按账面余额入账) 　贷:消耗性生物资产——××作物 ②按规定程序批准后: 借:应收款/成员往来等(按可收回责任人和保险公司赔偿) 　产品物资(残料价值) 　其他支出(差额) 　贷:待处理财产损溢——待处理流动资产损溢

3.实务案例解析

【工作实例5-1】甘蔗种植成本核算

广西某合作社种植甘蔗50亩，2025年3月发生以下费用：种子费8 000元，化肥12 000元，农药3 000元，以银行存款支付机械翻耕费5 000元，现金支付临时工工资10 000元，分摊灌溉费（公共费用）2 000元。当年收获甘蔗100吨。相关账务处理见表5-2。

表5-2　　　　　　　　　　　　甘蔗种植成本核算的账务处理

经济业务	会计分录	
（1）投入种子	借：消耗性生物资产——甘蔗 　　贷：产品物资——甘蔗种子	8 000 8 000
（2）施用化肥	借：消耗性生物资产——甘蔗 　　贷：产品物资——化肥	12 000 12 000
（3）施用农药	借：消耗性生物资产——甘蔗 　　贷：产品物资——农药	3 000 3 000
（4）支付机械翻耕费	借：消耗性生物资产——甘蔗 　　贷：银行存款	5 000 5 000
（5）支付临时工工资	借：消耗性生物资产——甘蔗 　　贷：库存现金	10 000 10 000
（6）分摊灌溉费	借：消耗性生物资产——甘蔗 　　贷：生产成本——公共费用	2 000 2 000
（7）农产品入库	借：产品物资——甘蔗 　　贷：消耗性生物资产——甘蔗	40 000 40 000

【特别提示5-2】

单位产量成本=40 000÷100=400（元/吨）

【工作实例5-2】螺蛳粉原料竹笋种植（加工产业链）

某合作社种植竹笋200亩用于加工螺蛳粉，累计成本120 000元，收获后转入加工车间。相关账务处理见表5-3。

表5-3　　　　　　　　　　　　螺蛳粉原料竹笋种植的账务处理

经济业务	会计分录	
螺蛳粉原料竹笋入库	借：产品物资——竹笋 　　贷：消耗性生物资产——竹笋	120 000 120 000

【特别提示5-3】

单位面积成本=120 000÷200=600（元/亩）

（二）多年生农作物的成本核算

1.会计核算要点

（1）多年生农作物成本核算的原则。

多年生农作物（如果树、茶树、橡胶树）须分阶段（育苗、幼树培育、成林管理）核算成本，并与生长周期匹配。

（2）多年生农作物阶段成本核算方法。

①育苗阶段。

核算对象：不同品种树苗的培育成本。

分摊方式：分为按面积分摊和按数量分摊两种。

第一，按面积分摊：

单位面积成本=总育苗费用÷育苗面积（亩）

某批树苗成本=单位面积成本×起苗面积+起苗费用

第二，按数量分摊：

单株成本=总育苗费用÷总育苗株数

某批树苗成本 = 单株成本×起苗数量+起苗费用

②幼树培育阶段。

分摊方式：

第一，按面积分摊：

单位面积成本=总培育费用÷幼树种植面积（亩）

某批幼树成本=单位面积成本×占地面积

第二，按数量分摊：

单株成本=总培育费用÷幼树总株数

某批幼树成本=单株成本×幼树数量

③成林管理阶段。

核算内容：投产后每年采摘、维护及资产折旧成本。

成本公式：主产品成本=当年培育费+停采期维护费+资产年折旧额-副产品价值

2.账务处理流程

多年生农作物成本核算的账务处理见表5-4。

表5-4　　　　　　　　　多年生农作物成本核算的账务处理

经济业务		会计分录
（1）育苗期	直接费用	借：生产性生物资产——××作物 　　贷：产品物资（种子/化肥/农药） 　　　　应付工资/库存现金（人工费）
	间接费用（灌溉费、共同生产费等）按面积或产量分摊	借：生产性生物资产——××作物 　　贷：生产成本——共同费用
（2）投产后	后续支出	借：经营支出 　　贷：产品物资（种子/化肥/农药） 　　　　应付工资/库存现金（人工费）

续表

经济业务		会计分录
（2）投产后	折旧	借：生产成本/经营支出等 　贷：生产性生物资产累计折旧
	毁损、盘亏	①发生毁损、盘亏时 借：待处理财产损溢——待处理流动资产损溢（按账面价值入账） 　　生产性生物资产累计折旧 　贷：生产性生物资产——××作物 ②按规定程序批准后处理时 借：应收款/成员往来等（按可收回责任人和保险公司赔偿） 　　产品物资（残料价值） 　　其他支出（差额） 　贷：待处理财产损溢——待处理流动资产损溢

3.生产性生物资产折旧的计提方法

（1）年限平均法。年限平均法又称直线法，是指将生产性生物资产的应计折旧额均衡地分摊到生产性生物资产预计使用寿命内的一种方法。其计算公式为：

年折旧额=（固定资产原值–预计残值收入+预计清理费用）÷预计使用年限

　　　　=固定资产应计提折旧总额÷预计使用年限

月折旧额=年折旧额÷12

（2）工作量法。工作量法是指某项生产性生物资产的使用是以一定的工作量为单位来计提相应折旧额的方法。其计算公式为：

单位工作量折旧额=生产性生物资产原值÷总计划工作量

生产性生物资产月折旧额=单位工作量折旧额×当月工作量

4.实务案例解析

【工作实例5-3】柑橘种植成本核算

某合作社在柑橘树苗育苗管护期间，当月领用本社仓库化肥5 000元，应支付育苗工人工资3 000元，款项通过银行存款支付完毕。柑橘采摘后，合作社领用本社仓库化肥共计6 000元为柑橘树施肥，应支付育苗工人工资3 500元，款项通过银行存款支付完毕。相关账务处理见表5-5。

表5-5　　　　　　　　　　　柑橘种植成本核算的账务处理

经济业务	会计分录
（1）育苗管护期支出	借：生产性生物资产——柑橘树　　　　　8 000 　贷：产品物资——化肥　　　　　　　　　　5 000 　　　应付工资　　　　　　　　　　　　　3 000
（2）支付育苗人工费用	借：应付工资　　　　　　　　　　　　　3 000 　贷：银行存款　　　　　　　　　　　　　3 000

续表

经济业务	会计分录	
（3）柑橘采摘后支出	借：经营支出——果树管护	9 500
	贷：产品物资——化肥	6 000
	应付工资	3 500
（4）支付育苗人工费用	借：应付工资	3 500
	贷：银行存款	3 500

【工作实例5-4】桉树林间伐补植

某合作社对桉树林进行间伐补植，2025年5月支付树苗费3 000元、人工费2 000元。相关账务处理见表5-6。

表5-6　　　　　　　　　　桉树林间伐补植的账务处理

经济业务	会计分录	
桉树林间伐补植	借：生产性生物资产——桉树	5 000
	贷：产品物资——树苗	3 000
	应付工资	2 000

【工作实例5-5】荔枝种植成本核算

某合作社以种植荔枝为主要业务，当年租入本村山地100亩，用于建造荔枝种植园。租赁协议约定，租金每年150元/亩，租赁期25年。租金每年年末支付。该合作社发生如下经济业务：

（1）购入荔枝树6 000棵植入果园，买价5元/棵，共计30 000元，银行存款支付。

（2）种植荔枝树，临时聘请本社成员15人，人工费120元/人/天，共种植10天，现金支付。

（3）长期聘请本社成员5人作为荔枝种植园的管理人员，月工资1 500元/人。

（4）荔枝树投产前，每年施用化肥350千克，化肥买价为15元/千克。

（5）每年年末，按租赁协议支付租金。

（6）荔枝树最终成活5 900株。3年后，荔枝树开始挂果。预计折旧年限15年，预计残值率5%。

（7）为采摘荔枝，临时聘用本社成员20人，人工费按计件计算，单价为0.7元/千克。共采摘荔枝60 000千克。

（8）因管理不善，5棵荔枝树死亡，由责任人李某赔偿200元，按程序报批后进行账务处理。

注：荔枝树已计提折旧20个月。

相关账务处理见表5-7至表5-9。

表5-7 荔枝树种植的账务处理

经济业务	会计分录	
(1) 购入荔枝树	借：生产性生物资产——荔枝树	30 000
	贷：银行存款	30 000
(2) 种植荔枝树	借：生产性生物资产——荔枝树	18 000
	贷：库存现金	18 000
(3) 每月计提管理人员工资	借：生产性生物资产——荔枝树	7 500
	贷：应付工资——A员工	1 500
	——B员工	1 500
	——C员工	1 500
	——D员工	1 500
	——E员工	1 500
(4) 每月发放员工工资	借：应付工资——A员工	1 500
	——B员工	1 500
	——C员工	1 500
	——D员工	1 500
	——E员工	1 500
	贷：银行存款	7 500
(5) 每年发生化肥支出	借：生产性生物资产——荔枝树	5 250
	贷：产品物资——化肥	5 250
(6) 每年年末支付租金	借：生产性生物资产——荔枝树	15 000
	贷：银行存款	15 000

折旧的账务处理：

荔枝树挂果前原始成本计算：

每年管理人员工资=7 500×12=90 000（元）

荔枝树的原始成本计算见表5-8。

表5-8 荔枝树原始成本计算 单位：元

项目	树苗费用	人工费用	化肥费用	租金	合计
第一年	30 000	108 000	5 250	15 000	158 250
第二年		90 000	5 250	15 000	110 250
第三年		90 000	5 250	15 000	110 250
总成本	30 000	288 000	15 750	45 000	378 750

荔枝树单位成本=378 750÷5 900=64.19（元）

年折旧额=378 750×（1−5%）÷15=23 987.5（元）

月折旧额=23 987.5÷12=1 998.96（元）

荔枝树投产后账务处理见表5-9。

表5-9   荔枝树投产后账务处理

经济业务	会计分录	
（1）每月计提折旧	借：经营支出 　贷：生产性生物资产累计折旧	1 998.96 1 998.96
（2）荔枝采摘费用	借：经营支出 　贷：成员往来	42 000 42 000
（3）荔枝树死亡时	借：待处理财产损溢——待处理流动资产损溢 　　生产性生物资产累计折旧 　贷：生产性生物资产——荔枝树	287.07 33.88 320.95
（4）按规定批准处理后	借：成员往来——李某 　　其他支出 　贷：待处理财产损溢——待处理流动资产损溢	200 87.07 287.07

【特别提示5-4】

5棵树累计折旧=月折旧额÷总棵数×已折旧月数×死亡棵数=33.88（元）

二、养殖业的成本核算

（一）畜牧业的成本核算

1.会计核算要点

畜牧业的成本核算分为分步法（分群核算）和品种法（混群核算）两种，两种方法分别对应不同养殖规模与管理需求。

（1）分步法（分群核算）。

① 适用场景：大规模、科学化养殖（如分阶段管理猪、牛、鸡群）。

② 核心思路：按畜禽生长阶段（如幼崽、育肥、成畜）分群核算，精细化追踪各阶段投入。

③ 关键指标与公式：

单日饲养成本：每头每日成本 = 某群总饲养费用÷该群总饲养天数

活重单位成本：$\dfrac{活重}{成本}=\left(\dfrac{期初}{成本}+\dfrac{购入/转入}{成本}+\dfrac{本期}{费用}-副产品\right)÷\left(\dfrac{期末}{活重}+\dfrac{期内}{转出活重}\right)$

增重单位成本：$\dfrac{增重单位}{成本}=（总费用-副产品）÷\left(\dfrac{期末}{活重}+\dfrac{转出}{活重}-\dfrac{期初}{活重}-\dfrac{购入/转入}{活重}\right)$

（2）品种法（混群核算）。

① 适用场景：小规模养殖或品种单一（如散户养羊、蛋鸡场）。

② 核心思路：按畜禽种类（如猪、牛、蛋鸡）整体核算，不细分生长阶段。

③ 关键公式：

销售总成本：总成本=（期初存栏价值+外购成本+本期费用）-（期末存栏价值+副产品）

单位销售成本：单位成本=总成本÷销售总重量（或数量）

2.账务处理流程

畜牧业成本核算的账务处理见表5-10。

表5-10　　　　　　　　　　　畜牧业成本核算的账务处理

经济业务	会计分录
（1）自繁幼畜（人工+饲料）	借：消耗性生物资产——××动物/生产性生物资产——××动物 　　贷：产品物资——饲料 　　　　应付工资
（2）生产性生物资产种畜折旧	借：经营支出 　　贷：生产性生物资产累计折旧
（3）生产性生物资产死亡、盘亏时	①发生死亡、盘亏时： 借：待处理财产损溢——待处理流动资产损溢（按账面价值入账） 　　生产性生物资产累计折旧 　　贷：生产性生物资产——××动物 ②按规定程序批准后处理时： 借：应收款/成员往来等（按可收回责任人和保险公司赔偿） 　　产品物资（残料价值） 　　其他支出（差额） 　　贷：待处理财产损溢——待处理流动资产损溢
（4）消耗性生物资产死亡、盘亏时	①发生死亡、盘亏时 借：待处理财产损溢——待处理流动资产损溢（按账面余额入账） 　　贷：消耗性生物资产——××动物 ②按规定程序批准后处理时： 借：应收款/成员往来等（按可收回责任人和保险公司赔偿） 　　产品物资（残料价值） 　　其他支出（差额） 　　贷：待处理财产损溢——待处理流动资产损溢
（5）盘盈时	借：生产性生物资产——××动物/消耗性生物资产——××动物 　　贷：待处理财产损溢——待处理流动资产损溢

3.实务案例解析

【工作实例5-6】肉牛育肥（消耗性生物资产）

2025年3月，某合作社购入20头肉牛犊，饲养期间支付饲料费25 000元、兽药费3 000元。相关账务处理见表5-11。

表5-11　　　　　　　　　　　肉牛育肥的账务处理

经济业务	会计分录	
肉牛育肥	借：消耗性生物资产——肉牛	28 000
	贷：产品物资——饲料	25 000
	——兽药	3 000

【工作实例5-7】生产性生物资产折旧

2025年3月，某合作社购入种牛，原值10万元，预计使用5年，残值率5%。生产性生物资产折旧的相关账务处理见表5-12。

表5-12　　　　　　　　　生产性生物资产折旧的账务处理

经济业务	会计分录
生产性生物资产折旧	借：经营支出　　　　　　　　　　　　　　　　1 583.33 　贷：生产性生物资产累计折旧　　　　　　　　　1 583.33

【特别提示5-5】

月折旧额＝（100 000×95%）÷5÷12=1 583.33（元）

【工作实例5-8】消耗性生物资产盘亏

2025年3月，某合作社的10头育肥猪死亡，账面价值5 000元，获保险赔偿3 000元。相关账务处理见表5-13。

表5-13　　　　　　　　　消耗性生物资产盘亏的账务处理

经济业务	会计分录
消耗性生物资产盘亏	借：待处理财产损溢——待处理流动资产损溢　　5 000 　贷：消耗性生物资产——育肥猪　　　　　　　　5 000 借：应收款——保险公司　　　　　　　　　　　3 000 　其他支出　　　　　　　　　　　　　　　　　2 000 　贷：待处理财产损溢——待处理流动资产损溢　　5 000

【工作实例5-9】消耗性生物资产盘盈

2025年3月，某合作社盘盈肉鸡1只，价值30元。相关账务处理见表5-14。

表5-14　　　　　　　　　消耗性生物资产盘盈的账务处理

经济业务	会计分录
消耗性生物资产盘盈	借：消耗性生物资产——肉鸡　　　　　　　　　　30 　贷：待处理财产损溢——待处理流动资产损溢　　　30

（二）渔业的成本核算

1.会计核算要点

（1）渔业资产分类。

①消耗性生物资产：养殖鱼虾、贝类等用于出售的水产品。

②生产性生物资产：亲鱼（用于繁殖的种鱼）、珍珠蚌等。

（2）渔业成本范围。

鱼苗费、饲料费、水域租赁费、人工费、设备折旧费（如增氧机）、间接费用（如水质检测费）。

（3）会计科目设置。

①消耗性生物资产通过"消耗性生物资产——××水产品"核算；

②生产性生物资产通过"生产性生物资产——××种苗"核算，并计提折旧。

（4）渔业成本核算的计算方法。

①孵化育苗阶段。

a.核算对象：存活的鱼苗（通常以"万尾"为单位）成本。

b.成本计算要点：

单位成本公式：每万尾鱼苗成本=育苗期总费用÷存活鱼苗数量（万尾）

副产品处理：若有其他副产品收入（如未成活的鱼苗转作饲料），须从总费用中扣除。

②养殖幼鱼阶段。

a.核算对象：幼鱼至成鱼的培育成本。

b.成本计算要点：

第一，多年放养、一次捕捞：单位成本=（往年累计费用+当年费用）÷捕捞总重量

第二，逐年放养、逐年捕捞（适用于小规模或快速周转养殖）：

单位成本=当年费用÷当年捕捞量

③成鱼饲养阶段。

a.核算对象：成鱼作为生产性资产的管理成本。

b.成本计算要点：

主产品成本：主产品成本=当年培育费用+资产折旧额-副产品价值

单位产品成本：每千克（尾）成本=主产品成本÷成鱼总产量

④天然捕捞阶段。

a.成本核算规则：按批次或品种分摊总捕捞费用。

b.单位成本公式：每千克捕捞成本=总捕捞费用÷捕捞总量

c.多品种分摊：按售价比例分配成本（如高价鱼分摊更多费用）。

2.账务处理流程

渔业成本核算的账务处理流程与养殖业类似，见表5-10。

3.实务案例解析

【工作实例5-10】罗非鱼养殖（消耗性生物资产）

2025年3月，某合作社投放10 000尾罗非鱼苗，支付饲料费8 000元、水域租赁费2 000元。相关账务处理见表5-15。

表5-15　　　　　　　　　　　　　　罗非鱼养殖的账务处理

经济业务	会计分录	
罗非鱼养殖	借：消耗性生物资产——罗非鱼	10 000
	贷：产品物资——饲料	8 000
	应付款——水域租赁	2 000

【工作实例5-11】珍珠蚌计提折旧（生产性生物资产）

2025年3月，某合作社购入珍珠蚌种苗1 000只（单价20元），产珠后，预计使用5年，残值率10%，按月计提折旧。计提折旧的相关账务处理见表5-16。

表5-16　　　　　　　　　　珍珠蚌计提折旧的账务处理

经济业务	会计分录
珍珠蚌计提折旧	借：经营支出——珍珠蚌　　　　　　　　　　　　300 　贷：生产性生物资产累计折旧——珍珠蚌　　　　　300

【特别提示5-6】

（1）年折旧额=20 000×（1-10%）÷5=3 600（元）

（2）月折旧额=3 600÷12=300（元）

【工作实例5-12】消耗性生物资产盘盈

2025年3月，某合作社库存多出鱼苗500尾，成本1 000元。相关账务处理见表5-17。

表5-17　　　　　　　　　　消耗性生物资产盘盈的账务处理

经济业务	会计分录
消耗性生物资产盘盈	借：消耗性生物资产——鱼苗　　　　　　　　　1 000 　贷：待处理财产损溢——待处理流动资产损溢　　　1 000

任务二　工业产品的成本核算

根据《农民专业合作社会计制度》（财会〔2021〕37号），工业产品的成本核算须结合合作社特点，通过"生产成本""产品物资"科目归集与结转。下面以广西特色工业品（蔗糖、蜂蜜）为例，系统说明核算方法。

知识精讲5-2

工业产品的成本核算

一、会计核算要点

（一）工业产品生产成本

直接成本：直接材料、包装物、直接工资、燃料动力等。

间接成本：折旧费、租赁费、修理费、低值易耗品、人工费等。

（二）工业产品成本归集流程

原材料采购/种植→生产投料→费用归集→完工入库→销售结转。

二、账务处理流程

工业产品成本核算的账务处理见表5-18。

表5-18　　　　　　　　　　工业产品成本核算的账务处理

经济业务	会计分录
（1）直接材料投入	借：生产成本——××工业产品 　贷：产品物资——××原料

续表

经济业务	会计分录
（2）直接人工投入	借：生产成本——××工业产品 　贷：库存现金/银行存款/应付款/成员往来
（3）设备折旧	借：生产成本——××工业产品 　贷：累计折旧
（4）计提管理人员工资	借：生产成本——××工业产品 　贷：应付工资
（5）工业产品验收入库	借：产品物资——××工业产品 　贷：生产成本——××工业产品

三、实务案例解析

【工作实例5-13】直接材料投入

2025年3月，某合作社领用甘蔗50吨（成本15 000元）用于生产蔗糖。相关账务处理见表5-19。

表5-19　　　　　　　　　　直接材料投入的账务处理

经济业务	会计分录
领用甘蔗生产蔗糖	借：生产成本——蔗糖　　　　　　　　15 000 　贷：产品物资——甘蔗　　　　　　　　　　15 000

【工作实例5-14】支付生产工人工资

2025年3月，某合作社支付生产工人工资5 000元。相关账务处理见表5-20。

表5-20　　　　　　　　　　支付生产工人工资的账务处理

经济业务	会计分录
支付生产工人工资	借：生产成本——蔗糖　　　　　　　　5 000 　贷：应付工资　　　　　　　　　　　　　　5 000

【工作实例5-15】费用归集与分摊

2025年3月，某合作社发生设备折旧1 000元，燃料费2 000元（按蔗糖60%、蜂蜜40%分摊）。相关账务处理见表5-21。

表5-21　　　　　　　　　　费用归集与分摊的账务处理

经济业务	会计分录
（1）费用归集	借：生产成本——公共费用　　　　　　3 000 　贷：累计折旧　　　　　　　　　　　　　　1 000 　　银行存款　　　　　　　　　　　　　　2 000
（2）分摊至各产品	借：生产成本——蔗糖　　　　　　　　1 800 　　生产成本——蜂蜜　　　　　　　　1 200 　贷：生产成本——公共费用　　　　　　　　3 000

【工作实例5-16】蔗糖验收入库

2025年3月，某合作社生产的蔗糖验收入库。相关账务处理见表5-22。

表5-22　　　　　　　　　　蔗糖验收入库的账务处理

经济业务	会计分录
蔗糖验收入库	借：产品物资——蔗糖　　　　　　　　　21 800 　贷：生产成本——蔗糖　　　　　　　　　　　21 800

任务三　提供劳务的成本核算

一、会计核算要点

（一）提供劳务的成本范围界定

（1）直接人工：直接参与劳务活动的成员或雇员的工资、奖金、津贴、福利费等。

（2）其他直接费用：提供劳务过程中直接消耗的燃料费（如农机作业）、技术服务费、临时设备租赁费等。

（3）间接费用：须分摊的管理人员工资、折旧费（如农机具）、办公费等。

（二）成本归集与分配原则

（1）直接归集：明确属于某劳务项目的费用直接计入对应成本对象（如机耕服务的人工工资）。

（2）间接分摊：无法直接归集的费用，按合理标准分配（如按劳务面积、工时或收入比例）。

（3）成本计算期：根据劳务周期确定，短期服务以服务完成日为截止期，长期生产活动按生产周期核算。

（三）会计科目设置要求

（1）核心科目："生产成本"（归集直接和间接费用）、"经营支出"（结转已实现收入的劳务成本）。

（2）辅助科目：按劳务类型设置二级明细（如"机耕服务""技术培训"）。

知识精讲5-3

提供劳务的
成本核算

二、账务处理流程

提供劳务成本核算的账务处理见表5-23。

表5-23　　　　　　　　　　提供劳务成本核算的账务处理

经济业务	会计分录
（1）直接人工归集	借：生产成本——××劳务 　贷：应付工资/成员往来

续表

经济业务	会计分录
（2）其他直接费用归集（燃料费、设备租赁费、技术服务费等）	借：生产（劳务）成本——××劳务（燃料费/技术服务费） 　　贷：库存现金/银行存款
（3）归集间接费用	借：生产成本——公共费用 　　贷：应付工资/累计折旧
（4）按标准分摊公共费用（按照面积等因素进行分摊）	借：生产成本——××劳务 　　贷：生产成本——公共费用
（5）完工结转成本	借：经营支出 　　贷：生产成本——××劳务

三、实务案例解析

【工作实例5-17】机耕服务成本核算

2025年3月，某合作社为成员提供200亩土地的机耕服务，发生费用如下：

直接人工：驾驶员工资5 000元；

燃料费：柴油支出3 000元；

农机折旧：按作业面积分摊，本年计提折旧2 000元。

相关账务处理见表5-24。

表5-24　　　　　　机耕服务成本核算的账务处理

经济业务	会计分录	
（1）直接费用归集	借：生产成本——机耕服务 　　贷：应付工资 　　　　库存现金	8 000 5 000 3 000
（2）分配折旧费（按面积）	借：生产成本——机耕服务 　　贷：累计折旧	2 000 2 000
（3）服务完成结转成本	借：经营支出——机耕服务 　　贷：生产成本——机耕服务	10 000 10 000

【工作实例5-18】技术培训劳务成本分摊

2025年3月，某合作社组织成员进行技术培训，发生讲师费6 000元，场地折旧费1 500元（按培训天数分摊）。相关账务处理见表5-25。

表5-25　　　　　　技术培训劳务成本分摊的账务处理

经济业务	会计分录	
技术培训劳务成本分摊	借：生产成本——技术培训 　　贷：应付工资 　　　　累计折旧	7 500 6 000 1 500

【工作实例5-19】为成员提供采购服务

2025年3月，某合作社为成员统一采购化肥50吨，单价2 000元/吨，现金支付10万元，余款暂欠供应商。另支付运输费5 000元。相关账务处理见表5-26。

表5-26　　　　　　　　　　为成员提供采购服务的账务处理

经济业务	会计分录
（1）采购入库	借：产品物资——化肥　　　　　　　　　　1 000 000 　　贷：库存现金　　　　　　　　　　　　　　100 000 　　　　应付款——供应商　　　　　　　　　　900 000
（2）支付运费	借：经营支出——运输费　　　　　　　　　　5 000 　　贷：库存现金　　　　　　　　　　　　　　5 000

任务四　生产过程中的费用核算

一、管理费用

（一）会计核算要点

1.管理费用的概念及特点

管理费用是合作社为组织和管理生产经营活动产生的间接费用，包括管理人员工资、办公费、差旅费、固定资产折旧、业务招待费等。

管理费用与生产无直接关联，须按项目单独核算，年末转入盈余账户后余额清零。

2.管理费用的核算范围

（1）工资：管理人员工资、社保、奖金等。

（2）日常行政开支：办公用品费、水电费、通信费、差旅费等。

（3）资产相关费用：管理用固定资产折旧、无形资产摊销。

（4）其他费用：业务招待费、培训费、审计费。

（二）账务处理流程

管理费用的账务处理见表5-27。

表5-27　　　　　　　　　　管理费用的账务处理

经济业务	会计分录
（1）计提管理人员工资	借：管理费用——工资/社保/奖金 　　贷：应付工资
（2）日常行政开支	借：管理费用——办公费/水电费/通信费/差旅费 　　贷：库存现金/银行存款/应付款等
（3）固定资产折旧	借：管理费用——折旧费 　　贷：累计折旧

知识精讲5-4

生产过程中的费用核算

续表

经济业务	会计分录
（4）无形资产摊销	借：管理费用——无形资产摊销 　贷：累计摊销
（5）其他管理费用	借：管理费用——业务招待费/培训费/审计费 　贷：库存现金/银行存款/应付款等

（三）实务案例解析

【工作实例5-20】支付办公用品费

2025年3月，某合作社购买办公用品一批，现金支付800元。相关账务处理见表5-28。

表5-28　　　　　　　　　　支付办公用品费的账务处理

经济业务	会计分录	
支付办公用品费	借：管理费用——办公费 　贷：库存现金	800 800

【工作实例5-21】计提并发放管理人员工资

2025年3月，某合作社计提本月管理人员工资5 000元，次月通过银行转账支付。相关账务处理见表5-29。

表5-29　　　　　　　　　　计提并发放管理人员工资的账务处理

经济业务	会计分录	
（1）计提工资	借：管理费用——工资 　贷：应付工资	5 000 5 000
（2）发放工资	借：应付工资 　贷：银行存款	5 000 5 000

【特别提示5-7】

工资费用须先计提再支付，体现权责发生制。

【工作实例5-22】提取固定资产折旧

2025年3月，某合作社办公楼发生折旧费2 300元。相关账务处理见表5-30。

表5-30　　　　　　　　　　提取固定资产折旧的账务处理

经济业务	会计分录	
提取固定资产折旧	借：管理费用——折旧费 　贷：累计折旧	2 300 2 300

【特别提示5-8】

固定资产折旧方法与生产性生物资产类似。

【工作实例5-23】年末结转管理费用

某合作社2024年管理费用累计30 000元，结转至盈余账户。相关账务处理见表5-31。

表5-31   年末结转管理费用的账务处理

经济业务	会计分录	
年末结转管理费用	借：本年盈余 　贷：管理费用	30 000 30 000

【特别提示5-9】

年末清零"管理费用"科目，反映全年管理成本对盈余的影响。

二、财务费用

（一）会计核算要点

财务费用是合作社为筹集生产经营资金产生的费用，主要包括：

（1）利息支出：如银行贷款利息。

（2）手续费：如银行转账费、信用证手续费。

（3）利息收入：如存款利息等，须冲减财务费用。

财务费用须按项目单独核算，年末转入盈余账户后余额清零。

（二）账务处理流程

财务费用的账务处理见表5-32。

表5-32   财务费用的账务处理

经济业务	会计分录
（1）支付银行贷款利息	借：财务费用——利息支出 　贷：应付利息/银行存款
（2）收到存款利息	借：银行存款 　贷：财务费用——利息收入
（3）支付银行手续费	借：财务费用——手续费 　贷：银行存款

（三）实务案例解析

【工作实例5-24】支付贷款利息

2025年3月，某合作社向农商行贷款50万元，年利率6%，按季支付利息7 500元（500 000×6%÷4）。相关账务处理见表5-33。

表5-33   支付贷款利息的账务处理

经济业务	会计分录	
（1）计提利息	借：财务费用——利息支出 　贷：应付利息	7 500 7 500

续表

经济业务	会计分录	
（2）支付利息	借：应付利息 　　贷：银行存款	7 500 7 500

【工作实例5-25】收到存款利息

2025年3月，某合作社的银行活期存款账户收到季度利息1 500元。相关账务处理见表5-34。

表5-34　　　　　　　　　　　　收到存款利息账务处理

经济业务	会计分录	
收到存款利息	借：银行存款 　　贷：财务费用——利息收入	1 500 1 500

【特别提示5-10】

利息收入直接冲减财务费用，减少净支出。

【工作实例5-26】支付银行手续费

2025年3月，某合作社支付跨行转账手续费200元。相关账务处理见表5-35。

表5-35　　　　　　　　　　　　支付银行手续费的账务处理

经济业务	会计分录	
支付银行手续费	借：财务费用——手续费 　　贷：银行存款	200 200

【工作实例5-27】年末结转财务费用

某合作社2025年财务费用累计8 000元，年末结转财务费用。相关账务处理见表5-36。

表5-36　　　　　　　　　　　　年末结转财务费用的账务处理

经济业务	会计分录	
年末结转财务费用	借：本年盈余 　　贷：财务费用	8 000 8 000

三、其他支出

（一）会计核算要点

其他支出是合作社非经营性、非管理性的额外费用，主要包括：

（1）资产损失：如生物资产死亡、固定资产/产品物资盘亏或毁损；

（2）社会性支出：如捐赠、防洪抢险、环保支出；

（3）罚款与坏账：如合同违约罚款、无法收回的应收账款；

（4）其他杂项。

（二）账务处理流程

其他支出的账务处理见表5-37。

表5-37 　　　　　　　　　　　其他支出的账务处理

经济业务	会计分录
（1）自然灾害损失	借：其他支出 　　贷：待处理财产损溢
（2）捐赠支出	借：其他支出——捐赠支出 　　贷：库存现金/产品物资/银行存款
（3）固定资产盘亏	借：其他支出——盘亏损失 　　　累计折旧 　　贷：固定资产
（4）罚款支出	借：其他支出——罚款支出 　　贷：银行存款/库存现金/应付款等

（三）实务案例解析

【工作实例5-28】捐赠物资与现金

2025年3月，某合作社向灾区捐赠价值2 000元的帐篷和现金1 000元。相关账务处理见表5-38。

表5-38 　　　　　　　　　　捐赠物资与现金的账务处理

经济业务	会计分录	
捐赠物资与现金	借：其他支出——捐赠支出 　　贷：产品物资——帐篷 　　　　库存现金	3 000 2 000 1 000

【工作实例5-29】库存盘亏

2025年3月，某合作社盘点发现玉米短缺1 000千克（成本0.8元/千克），保险公司赔偿400元，保管员赔偿160元，剩余净损失240元。相关账务处理见表5-39。

表5-39 　　　　　　　　　　　库存盘亏的账务处理

经济业务	会计分录	
（1）盘亏入账	借：待处理财产损溢——待处理流动资产损溢 　　贷：产品物资——玉米	800 800
（2）确认赔偿与损失	借：应收款——保险公司 　　　成员往来——保管员 　　　其他支出——盘亏损失 　　贷：待处理财产损溢	400 160 240 800

【工作实例5-30】支付罚款

2025年3月，某合作社用银行存款支付环境污染罚款1 000元。相关账务处理见

表5-40。

表5-40 支付罚款的账务处理

经济业务	会计分录
支付罚款	借：其他支出——罚款支出　　　　　　　　　　1 000 　贷：银行存款　　　　　　　　　　　　　　　　1 000

【工作实例5-31】坏账损失

2025年3月，某合作社非成员债务人所欠10 000元债务无法追回，经批准核销。相关账务处理见表5-41。

表5-41 坏账损失的账务处理

经济业务	会计分录
债务无法追回，经批准核销	借：其他支出——坏账损失　　　　　　　　　10 000 　贷：应收款　　　　　　　　　　　　　　　　10 000

任务五　特殊生产情形的成本核算

知识精讲5-5

特殊生产情形
的成本核算

一、委托加工物资的核算

（一）会计核算要点

（1）会计科目设置："委托加工物资"科目按加工合同或受托加工单位设置明细科目，便于追踪不同加工业务。

（2）科目性质："委托加工物资"属于资产类科目，用于核算委托外单位加工物资的实际成本。

（3）成本构成：委托加工物资成本包括原材料成本（发出物资的实际成本）、加工费、运输费等全部费用。

（4）期末处理：借方余额反映尚未加工完成的物资成本，须定期核对合同进度。

（二）账务处理流程

委托加工物资的账务处理见表5-42。

表5-42 委托加工物资的账务处理

经济业务	会计分录
（1）发给外合作社加工的物资	借：委托加工物资 　贷：产品物资等
（2）支付委托加工相关费用（加工费、运杂费等）	借：委托加工物资 　贷：库存现金/银行存款等
（3）加工完成并验收入库时	借：产品物资 　贷：委托加工物资

（三）实务案例解析

【工作实例5-32】蜂蜜委托加工

2025年3月，某蜂业合作社将半成品蜂蜜（成本20 000元）委托外单位加工为瓶装蜂蜜，支付加工费5 000元、运费1 000元，加工后收回成品。相关账务处理见表5-43。

表5-43　　　　　　　　　　蜂蜜委托加工的账务处理

经济业务	会计分录	
（1）发出半成品蜂蜜	借：委托加工物资——蜂蜜加工厂　　贷：产品物资——蜂蜜半成品	20 000　　20 000
（2）支付加工费及运费	借：委托加工物资——蜂蜜加工厂　　贷：银行存款	6 000　　6 000
（3）收回成品入库	借：产品物资——瓶装蜂蜜　　贷：委托加工物资——蜂蜜加工厂	26 000　　26 000

注：（1）原材料成本转入委托加工账户。

（2）加工相关费用计入物资成本。

（3）总成本=20 000（材料）+6 000（费用）=26 000（元）。

二、生物资产之间的转换

（一）会计核算要点

1.资产转换类型

（1）消耗性生物资产转为生产性生物资产：幼畜成龄转为产畜、育肥畜转为产畜。

（2）生产性生物资产转为消耗性生物资产：产畜淘汰转为育肥畜。

（3）生产性生物资产或消耗性生物资产转为公益性生物资产：因用途变化转为公益性生物资产。

2.费用处理原则

（1）转换后费用：生产性生物资产转换后发生的饲养费计入经营支出，不再资本化。

（2）账面价值结转：按转换时账面余额或净值转移，须同步结转累计折旧（如有）。

3.会计科目对应

消耗性生物资产（如幼畜）、生产性生物资产（如产畜）须分设明细科目管理。

（二）账务处理流程

生物资产之间转换的账务处理见表5-44。

表5-44 生物资产之间转换的账务处理

经济业务	会计分录
（1）幼畜成龄转为产畜	借：生产性生物资产——产畜 　　贷：消耗性生物资产——幼畜
（2）产畜淘汰转为育肥畜	借：消耗性生物资产——育肥畜 　　生产性生物资产累计折旧 　　贷：生产性生物资产——产畜
（3）转为公益性生物资产	借：公益性生物资产 　　贷：消耗性生物资产/生产性生物资产

（三）实务案例解析

【工作实例5-33】产畜淘汰转为育肥畜

2025年3月，某合作社淘汰5头产奶牛，转为育肥畜，账面原值50 000元，已计提折旧20 000元。相关账务处理见表5-45。

表5-45 产畜淘汰转为育肥畜的账务处理

经济业务	会计分录	
产畜淘汰转为育肥畜	借：消耗性生物资产——育肥牛 　　生产性生物资产累计折旧 　　贷：生产性生物资产——奶牛	30 000 20 000 　　50 000

【特别提示5-11】

按净值转入消耗性资产，后续育肥费用计入消耗性生物资产成本。

【工作实例5-34】幼畜转为产畜

2025年3月，某合作社将20头成龄奶牛（原为消耗性生物资产）转为产畜，账面余额共80 000元。相关账务处理见表5-46。

表5-46 幼畜转为产畜的账务处理

经济业务	会计分录	
幼畜转为产畜	借：生产性生物资产——奶牛 　　贷：消耗性生物资产——幼牛	80 000 　　80 000

【特别提示5-12】

幼畜成龄后转为生产性资产，后续饲养费直接计入经营支出。

【工作实例5-35】用材林转为公益性林

2025年3月，某合作社将100亩用材林（消耗性生物资产）划为防风林，用材林账面余额150 000元。相关账务处理见表5-47。

表5-47 用材林转为公益性林的账务处理

经济业务	会计分录	
用材林转为公益性林	借：公益性生物资产——防风林 　　贷：消耗性生物资产——用材林	150 000 　　150 000

【特别提示5-13】
用途变更后须调整资产分类，公益性资产不计提折旧。

项目实施

针对"项目导入"中的经济业务，相关处理程序如下：

第一步：直接费用归集与间接费用分摊

（1）直接费用归集：

树苗、肥料、人工等直接费用直接计入生产性生物资产：

借：生产性生物资产——荔枝树	65 000	
贷：产品物资——树苗		20 000
产品物资——有机肥		15 000
应付工资/库存现金		30 000

（2）间接费用分摊：

按种植面积分摊灌溉费、管理费：

单位面积分摊额=10 000÷200=50（元/亩）

总分摊额=50×200=10 000（元）

借：生产性生物资产——荔枝树	10 000	
贷：生产成本——共同费用		10 000

第二步：副产品核算处理

副产品价值冲减主产品成本：

荔枝核总价值=5×1 000=5 000（元）

主产品（荔枝）成本=总成本-副产品价值=65 000+10 000-5 000=70 000（元）

借：产品物资——荔枝	70 000	
——荔枝核	5 000	
贷：生产性生物资产——荔枝树		75 000

第三步：生产性生物资产折旧计算

（1）年限平均法计算年折旧额：

年折旧额=（原值-残值）÷使用年限=（500 000-500 000×5%）÷15=31 666.67（元）

月折旧额=年折旧额÷12=31 666.67÷12=2 638.89（元）

（2）每月计提折旧分录：

借：经营支出——折旧费	2 638.89	
贷：生产性生物资产累计折旧		2 638.89

第四步：政府专项补贴的会计处理

正确处理方式：专项资金应专款专用，用于病虫害防治与设备采购。

（1）收到补贴时：

借：银行存款	80 000	
贷：专项应付款——黄龙病防治		80 000

（2）实际支出时（如购买设备）：

借：固定资产——防治设备   80 000

  贷：银行存款   80 000

同时结转专项应付款：

借：专项应付款——黄龙病防治   80 000

  贷：专项基金——政府补贴   80 000

第五步：误用专项资金的账务调整

（1）冲销错误分录：

原错误分录：

借：管理费用——奖金   80 000

  贷：银行存款   80 000

冲销调整：

借：管理费用——奖金   −80 000

  贷：银行存款   −80 000

（2）补记正确分录（假设已追回资金并用于采购设备）：

借：银行存款   80 000

  贷：专项应付款——黄龙病防治   80 000

借：固定资产——防治设备   80 000

  贷：银行存款   80 000

借：专项应付款——黄龙病防治   80 000

  贷：专项基金——政府补贴   80 000

德技并修

案例引入：广西田东县以党建引领为核心，构建"党旗领航 壮美芒乡"芒果产业集群党建联建共建机制，将党支部嵌入产业链全流程，凝聚党员干部力量为果农提供技术指导与政策支持。通过产学研协同创新，与中国热科院合作建立国家级芒果种质资源圃，破解品种研发难题，推动科技兴农；打造智慧芒果博览馆，以文化传播提升产业影响力。在示范创建中，完善基础设施、成立行业协会与合作社，推广绿色种植技术，52.07%的芒果种植面积获得绿色食品认证；践行生态优先理念，依托电商产业园与全链营销体系，线上线下融合拓展市场，举办芒果文化节促进三产融合，形成"科研—生产—加工—流通"一体化发展格局，实现全产业链产值62.7亿元，助力10个乡镇121个村农户增收。

资料来源：农钜森，农思秋．广西田东："四步棋"激活芒果产业新动能［EB/OL］．［2025-04-15］．http：//www.farmchina.org.cn/ShowArticles.php？url=VGgCZwxsVWAIOVEyADgAZ1Ay.

德育要素：创新进取 协作共享 责任担当

职业点拨：田东芒果产业的实践生动诠释了"党建引领、创新驱动、绿色发展与共同富裕"的乡村振兴路径。其一，党的领导是根本保障，通过组织嵌入和党员先锋作用，将分散的农户凝聚为发展共同体，彰显社会主义集中力量办大事的制度优势；

其二，科技创新是核心动能，产学研结合破解"卡脖子"技术难题，体现"把论文写在祖国大地上"的科研担当；其三，坚持绿色发展，以绿色食品认证和生态技术推广实现产业与自然的和谐共生，呼应"绿水青山就是金山银山"理念；其四，全链协同是方法论，通过三产融合与品牌打造，将小农户纳入大市场，为共同富裕提供可持续动力。这一案例启示我们，乡村振兴须坚持系统思维，以党建领航、科技赋能、生态筑基、市场拓路，方能实现产业强、农民富、乡村美的多维目标。

项目测试

项目测试5-1

在线答题

一、单选题

1.冬小麦的成本适用（　　）核算方法。

A.多年生作物　　　　　　　　　　B.一年生作物

C.工业产品　　　　　　　　　　　D.劳务成本

2.副产品价值应（　　）。

A.计入其他收入　　　　　　　　　B.冲减总成本

C.列为营业外收入　　　　　　　　D.不做处理

3.多年生作物育苗阶段费用应计入（　　）。

A.经营支出　　　　　　　　　　　B.生产性生物资产

C.管理费用　　　　　　　　　　　D.其他支出

4.肉牛育肥费用应借记（　　）科目。

A."生产性生物资产"　　　　　　　B."消耗性生物资产"

C."固定资产"　　　　　　　　　　D."库存商品"

5.计提种畜折旧应贷记（　　）科目。

A."累计折旧"　　　　　　　　　　B."生产性生物资产累计折旧"

C."资产减值准备"　　　　　　　　D."待处理财产损溢"

二、多选题

1.间接费用分摊依据包括（　　）。

A.种植面积　　　B.人工工时　　　C.耗电量　　　D.领导指定

2.多年生作物的成本核算阶段有（　　）。

A.育苗阶段　　　B.加工阶段　　　C.成林管理　　　D.销售阶段

3.渔业成本包含（　　）。

A.鱼苗费　　　　B.水域租赁费　　C.广告费　　　D.增氧机折旧

4.财务费用包括（　　）项目。

A.贷款利息支出　　B.存款利息收入　　C.银行手续费　　D.汇兑损失

5.委托加工物资的成本包括（　　）。

A.原材料成本　　　B.加工费　　　C.运输费　　　D.广告费

三、判断题

1. 自然年度与核算周期必然一致。　　　　　　　　　　　　　　　（　　）
2. 种畜死亡损失可全额税前扣除。　　　　　　　　　　　　　　　（　　）
3. 停采期维护费应计入当期成本。　　　　　　　　　　　　　　　（　　）
4. 财务费用年末结转后余额为零。　　　　　　　　　　　　　　　（　　）
5. 委托加工物资的成本包括加工费和运输费。　　　　　　　　　　（　　）

四、业务题

某合作社种植50亩火龙果，2024年发生以下经济业务：

（1）投入有机肥，价值8 000元（产品物资）；

（2）支付临时工采摘费5 000元（现金）；

（3）分摊灌溉费3 000元（公共费用）；

（4）收获时发现损耗2 000元（保险公司赔付1 500元）。

要求：编制完整会计分录。

项目评价

本项目评价见表5-48。

表5-48　　　　　　　　　　　　　　项目评价表

项目名称		生产环节的会计核算		
	评价要点	评分标准	学生自评（50%）	教师评价（50%）
知识掌握（30分）	掌握种植业、养殖业成本核算品种法和分步法的适用情形（10分）	·优秀（8~10分）：能准确回答知识点并举例应用。 ·良好（5~7分）：基本掌握知识点但存在细节疏漏。 ·待改进（0~4分）：概念模糊或混淆知识点的适用性		
	掌握生产性生物资产、固定资产的折旧方法（10分）			
	理解直接费用和间接费用的区别（10分）			
技能提升（40分）	能够正确编制农作物全周期成本核算的会计分录（10分）	·优秀（8~10分）：分录无错误，计算准确，分析全面。 ·良好（5~7分）：分录有1~2处错误，计算逻辑正确且结果偏差不超过5%。 ·待改进（0~4分）：分录错误多于或等于3处，计算逻辑混乱		
	能够正确编制生产过程中费用核算的会计分录（10分）			
	能够正确计算各类农产品的成本、费用（10分）			
	能够正确处理农产品之间的转换（10分）			

评价要点		评分标准	学生自评（50%）	教师评价（50%）
素质养成（30分）	具有农产品成本核算的工匠精神（10分）	·优秀（8~10分）：案例分析决策合理，主动提出合规建议。 ·良好（5~7分）：能完成基础分析但缺乏创新。 ·待改进（0~4分）：决策违背职业伦理或缺乏团队贡献		
	具有财务合规意识（10分）			
	具有服务"三农"的职业使命感，以及团队协作与问题解决的能力（10分）			
综合评价成绩（100分）				

学生自评：

学生签字：

教师评语：

教师签字：

项目六 销售环节的会计核算

学习目标

知识目标

1. 掌握农民专业合作社销售环节的会计核算流程及核心科目设置。
2. 理解农产品销售增值税免税政策、生物资产分类及成本结转规则。
3. 熟悉特殊销售的业务会计处理差异。
4. 了解固定资产清理的账务处理与税收优惠衔接。

技能目标

1. 能正确应用先进先出法、加权平均法核算农产品销售成本。
2. 能独立编制销售业务、代销业务及折让业务的会计分录。
3. 能结合免税政策计算销售收入并填制增值税申报表。
4. 能分析销售环节常见税务风险并提出合规建议。

素养目标

1. 强化诚信经营意识，坚守会计准则。
2. 培养依法纳税观念，理解乡村全面振兴战略的意义。
3. 提升农业可持续发展思维，践行"绿色核算"理念。
4. 增强团队协作能力，能够解决复杂的业务问题。

【知识导图】

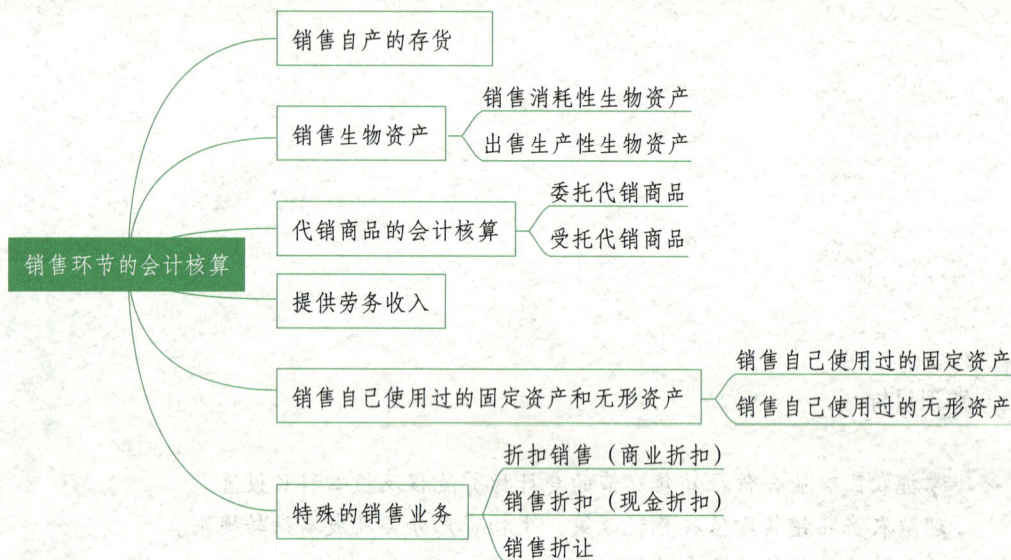

销售环节的会计核算
- 销售自产的存货
- 销售生物资产
  - 销售消耗性生物资产
  - 出售生产性生物资产
- 代销商品的会计核算
  - 委托代销商品
  - 受托代销商品
- 提供劳务收入
- 销售自己使用过的固定资产和无形资产
  - 销售自己使用过的固定资产
  - 销售自己使用过的无形资产
- 特殊的销售业务
  - 折扣销售（商业折扣）
  - 销售折扣（现金折扣）
  - 销售折让

【项目导入】

丰收合作社是主营果蔬种植的农民专业合作社，2024年第四季度发生以下业务：

（1）通过电商平台预售社员种植的有机南瓜2 000千克（采用先进先出法计价，库存批次：第一批购入800千克，单价5元/千克；第二批购入1 200千克，单价6元/千克）。

（2）受托代销成员李华的苹果1 500千克，协议价4元/千克，实际售价5元/千克。

（3）销售自产蜂蜜500瓶，含税单价30元/瓶。

（4）因质量问题对某超市的200千克南瓜销售给予10%折让，原售价8元/千克。

（5）出售一台旧农机，原值50 000元，累计折旧30 000元，售价25 000元，支付清理费500元。

思考：

（1）哪些销售业务可享受增值税免税？需要留存哪些备查资料？

（2）假设首次销售1 500千克，如何计算南瓜销售成本？

（3）受托代销苹果的完整会计分录应如何编制？

（4）南瓜销售折让应如何开具发票及记账？

（5）销售自己使用过的农机应如何进行会计处理？

任务一　销售自产存货的会计核算

一、会计核算要点

（一）存货范围

存货包括材料、农产品、工业产成品、低值易耗品、包装物等。

（二）存货成本计价方法

合作社可选择先进先出法、加权平均法、个别计价法计算存货成本，见表6-1。

表6-1　　　　　　　　　　存货成本计价方法

方法	定义与计算	适用场景
先进先出法	假设最早购入的存货优先发出，按入库先后顺序逐笔计算发出成本	·时效性强、易变质的存货 ·市场价格波动较小的物资
加权平均法	按期间内所有存货的总成本除以总数量，计算单位平均成本，再以此确定发出存货成本	价格波动频繁、批次差异不明显的存货
个别计价法	按每批存货的实际购入或生产成本单独核算发出成本，须明确区分不同批次的存货	·高价值、可单独识别的存货 ·须精确匹配成本与收入的业务

【特别提示6-1】

计价方法一经选定不得随意变更，以确保核算一致性。

（三）核心原则

实际成本核算过程中，购入、加工、代购代销等环节的所有费用（买价、运费、加工费）均计入存货成本。

1.操作要求

（1）免税项目不得开具增值税专用发票，可开具增值税普通发票。

（2）免税项目须留存购销合同、成员身份证明等资料备查。

2.免税政策

（1）销售本社成员生产的农产品免税：合作社销售本社成员生产的初级农产品，视同农业生产者销售自产农产品，免征增值税。

（2）向本社成员销售农资免税：合作社向本社成员销售的农膜、种子、种苗、化肥、农药、农机，免征增值税。

（3）蔬菜流通环节免税：合作社从事蔬菜批发、零售的，免征增值税（包括经清洗、分选等初级加工的蔬菜）。

（4）鲜活肉蛋产品流通环节免税：销售部分鲜活肉蛋产品（如猪肉、鸡蛋）免征增值税。

销售自产存货的会计核算

农产品及农副产品适用税率及误区

（5）合作社销售饲料可适用9%优惠税率，除豆粕以外的其他粕类饲料产品（如菜籽粕、棉籽粕）免征增值税。

3.政策适用范围限制

（1）非成员销售：向非成员销售产品或提供深加工服务（如罐头、精制茶）须正常缴纳增值税。

（2）农产品范围：深加工产品不属于免税范围。

二、账务处理流程

存货销售核算的账务处理见表6-2。

表6-2 存货销售核算的账务处理

经济业务	会计分录
（1）直接出售自产存货	借：银行存款/应收款/成员往来 　　贷：经营收入 借：经营支出 　　贷：产品物资——××作物
（2）包装物随同销售	借：银行存款/应收款/成员往来 　　贷：经营收入 借：经营支出 　　贷：产品物资——××作物 　　　　　　——包装物

三、实务案例解析

【工作实例6-1】先进先出法应用（玉米销售）

2025年，某合作社分3批购入玉米种子，成本分别为10元/千克（300千克）、11元/千克（900千克）、12元/千克（600千克）。

销售过程如下：

（1）首次销售1 050千克，按购入顺序结转成本：300×10+750×11=11 250（元）

（2）二次销售600千克：150×11+450×12=7 050（元）

（3）期末结存：150×12=1 800（元）

【工作实例6-2】加权平均法应用（化肥采购）

2025年，某合作社分两次购入化肥，分别为10吨（售价2 000元、运费100元）和5吨（售价1 200元、运费50元）。采用加权平均法计价，售出8吨，成本核算过程如下：

总成本=2 100+1 250=3 350（元）

单位成本=3 350÷15=223.33（元/吨）

销售8吨成本=8×223.33=1 786.64（元）

【工作实例6-3】销售自产农产品

2025年3月，某合作社将库存价值21 000元的板栗出售，收到55 000元，款项已存入银行。相关账务处理见表6-3。

表6-3 销售自产农产品的账务处理

经济业务	会计分录	
（1）销售板栗	借：银行存款 　　贷：经营收入	55 000 55 000
（2）结转成本	借：经营支出 　　贷：库存物资——板栗	21 000 21 000

【工作实例6-4】销售自产农产品（以加权平均法计价）

2024年，某种植合作社购入玉米种子5 000元，种植后收获第一批玉米5吨（总成本7 500元），收获第二批玉米5吨（总成本8 000元）。采用加权平均法计价，以20 000元售出8吨，货款已收存银行。相关账务处理见表6-4。

表6-4 销售自产农产品（以加权平均法计价）的账务处理

经济业务	会计分录	
（1）销售玉米	借：银行存款 　　贷：经营收入	20 000 20 000
（2）结转成本	借：经营支出 　　贷：库存物资——玉米	12 400 12 400

注：单位成本＝（7 500+8 000）÷10＝1 550（元/吨）

本次销售成本＝1 550×8＝12 400（元）

【工作实例6-5】销售自产农产品（采用先进先出法）

接【工作实例6-4】，合作社选用先进先出法计价，相关账务处理见表6-5。

表6-5 销售自产农产品（采用先进先出法）的账务处理

经济业务	会计分录	
（1）销售玉米	借：银行存款 　　贷：经营收入	20 000 20 000
（2）结转成本	借：经营支出 　　贷：库存物资——玉米	12 300 12 300

【特别提示6-2】

销售存货成本＝7 500+8 000÷5×3＝12 300（元）

【工作实例6-6】包装物随同销售

2025年4月，某合作社销售花卉100盆，每盆售价30元，花卉每盆成本15元，每个花盆成本2元，货款已收存银行。相关账务处理见表6-6。

表6-6   包装物随同销售的账务处理

经济业务	会计分录	
(1) 销售花卉	借：银行存款 　贷：经营收入	3 000 3 000
(2) 结转成本	借：经营支出 　贷：库存物资——花卉 　　　　——花盆	1 700 1 500 200

【工作实例6-7】销售深加工工业品

2025年4月，某水果合作社收购成员生产的草莓（初级农产品）500千克，收购价20元/千克（共10 000元），加工成果酱后对外销售。加工过程中耗用辅料（糖、包装材料）3 000元，人工费2 000元，设备折旧500元。果酱销售价为50元/瓶（含税），共售出1 000瓶，收到53 000元（适用13%增值税税率），款项已存入银行。相关账务处理见表6-7。

表6-7   销售深加工工业品的账务处理

经济业务	会计分录	
(1) 收购草莓并支付费用	借：产品物资——草莓 　贷：成员往来——成员A	10 000 10 000
(2) 归集加工成本	借：生产成本 　贷：产品物资——草莓 　　　　——辅料 　应付工资 　累计折旧	15 500 10 000 3 000 2 000 500
(3) 果酱入库	借：产品物资——果酱 　贷：生产成本	15 500 15 500
(4) 销售果酱并确认收入（深加工产品按13%税率缴纳增值税）	借：银行存款　　　　　　53 000 　贷：经营收入　　　　46 902.65（53 000÷1.13） 　　应交税费——应交增值税（销项税额）　6 097.35	
(5) 结转销售成本	借：经营支出 　贷：产品物资——果酱	15 500 15 500

任务二　销售生物资产的会计核算

一、销售消耗性生物资产的会计核算

（一）会计核算要点

1.消耗性生物资产的概念

消耗性生物资产是指为出售而持有的生物资产，如育肥猪、存栏鸡、用材林等。

2.消耗性生物资产的成本构成

消耗性生物资产的成本包括购入价格、运输费、饲养/种植费用（如饲料、人工费、肥料等）。

3.消耗性生物资产的销售处理

按实际售价确认收入，按账面成本结转支出。

（二）账务处理流程

销售消耗性生物资产的账务处理见表6-8。

表6-8　　　　　　　　　　销售消耗性生物资产的账务处理

经济业务	会计分录
销售消耗性生物资产	借：银行存款/应收款/成员往来 　　贷：经营收入 借：经营支出 　　贷：消耗性生物资产

（三）实务案例解析

【工作实例6-8】销售育肥猪

某合作社出售育肥猪10头，购入成本20 000元，饲养费用8 000元，售价30 000元。相关账务处理见表6-9。

表6-9　　　　　　　　　　销售育肥猪的账务处理

经济业务	会计分录	
销售育肥猪	借：银行存款	30 000
	贷：经营收入——畜牧收入	30 000
	借：经营支出——畜牧成本	28 000
	贷：消耗性生物资产——育肥猪	28 000

【工作实例6-9】销售用材林

某合作社种植用材林10亩，总成本50 000元（含树苗、肥料、人工等费用），成材后以80 000元售出，支付采伐费5 000元。相关账务处理见表6-10。

表6-10　　　　　　　　　　销售用材林的账务处理

经济业务	会计分录	
销售用材林	借：银行存款	80 000
	贷：经营收入——林业收入	80 000
	借：经营支出——林业成本	50 000
	贷：消耗性生物资产——用材林	50 000
	借：经营支出——采伐费	5 000
	贷：银行存款	5 000

【特别提示6-3】

用材林属于消耗性生物资产，采伐费直接计入当期支出。

【工作实例6-10】销售一年生猕猴桃树苗

某合作社培育一年生猕猴桃树苗5万株，成本55 000元，成材后以150 000元出售，款项未收。相关账务处理见表6-11。

表6-11 销售一年生猕猴桃树苗的账务处理

经济业务	会计分录	
销售一年生猕猴桃树苗	借：应收账款 　贷：经营收入——种植收入 借：经营支出——种植成本 　贷：消耗性生物资产——猕猴桃树苗	150 000 55 000	150 000 55 000

【工作实例6-11】销售存栏肉牛

某合作社饲养肉牛50头，账面成本70 000元（含幼牛购入价和饲养费），因市场行情好转以120 000元售出。相关账务处理见表6-12。

表6-12 销售存栏肉牛的账务处理

经济业务	会计分录	
销售存栏肉牛	借：银行存款 　贷：经营收入——畜牧收入 借：经营支出——畜牧成本 　贷：消耗性生物资产——肉牛	120 000 70 000	120 000 70 000

【特别提示6-4】

存栏肉牛属于消耗性生物资产，成本按实际支出计价。

【工作实例6-12】销售鱼虾（水产养殖）

某合作社养殖鱼虾的总成本为30 000元（含鱼苗、饲料、人工等费用），捕捞后以50 000元出售给批发市场。相关账务处理见表6-13。

表6-13 销售鱼虾的账务处理

经济业务	会计分录	
销售鱼虾	借：银行存款 　贷：经营收入——水产收入 借：经营支出——水产成本 　贷：消耗性生物资产——鱼虾	50 000 30 000	50 000 30 000

【工作实例6-13】销售蔬菜（大田作物）

某合作社种植蔬菜的总成本为20 000元（包括种子、肥料、人工等费用），收获后以35 000元通过农超对接销售。相关账务处理见表6-14。

表6-14 销售蔬菜的账务处理

经济业务	会计分录	
销售蔬菜（大田作物）	借：银行存款 　贷：经营收入——种植收入 借：经营支出——种植成本 　贷：消耗性生物资产——蔬菜	35 000 20 000	35 000 20 000

【特别提示6-5】

　　蔬菜作为一年生作物，成本全计入当期支出。

【工作实例6-14】销售幼畜（转售未育肥）

　　某合作社购入幼羊200只，成本40 000元，因市场变化直接以60 000元转售。相关账务处理见表6-15。

表6-15　　　　　　　　　　　　销售幼畜的账务处理

经济业务	会计分录
销售幼畜（转售未育肥）	借：银行存款　　　　　　　　　　　　　　　60 000 　　贷：经营收入——畜牧收入　　　　　　　　　　60 000 借：经营支出——畜牧成本　　　　　　　　　40 000 　　贷：消耗性生物资产——幼羊　　　　　　　　　40 000

【特别提示6-6】

　　未进入育肥阶段的幼畜仍属消耗性生物资产，按购入成本结转。

二、出售生产性生物资产的会计核算

（一）会计核算要点

1.生产性生物资产的概念

　　生产性生物资产是指用于长期生产农产品的资产，如产奶的奶牛、经济林木、种畜等。

2.生产性生物资产的成本构成

　　生产性生物资产的成本包括初始购置/培育成本、达到预定用途前的必要支出。

3.生产性生物资产的销售处理

　　生产性生物资产出售后须核销资产原值及累计折旧，差额计入其他收入/支出。

（二）账务处理流程

　　销售生产性生物资产的账务处理见表6-16。

表6-16　　　　　　　　　　　销售生产性生物资产的账务处理

经济业务	会计分录
（1）出售所得小于生产性生物资产账面价值的	借：库存现金/银行存款 　　生产性生物资产累计折旧 　　其他支出 　　贷：生产性生物资产
（2）出售所得大于生产性生物资产账面价值的	借：库存现金/银行存款 　　生产性生物资产累计折旧 　　贷：生产性生物资产 　　　　其他收入

（三）实务案例解析

【工作实例6-15】正常出售产奶牛（盈利）

某合作社出售产奶牛5头，原值100 000元，累计折旧40 000元，售价70 000元。相关账务处理见表6-17。

表6-17　　　　　　　　　　　正常出售产奶牛的账务处理

经济业务	会计分录
正常出售产奶牛（盈利）	借：银行存款　　　　　　　　　　　　70 000 　　生产性生物资产累计折旧　　　　　40 000 贷：生产性生物资产——奶牛　　　　　　　　100 000 　　其他收入　　　　　　　　　　　　　　　 10 000

【特别提示6-7】

账面净值为60 000元（100 000-40 000），差额10 000元为盈利。

【工作实例6-16】低价出售淘汰种猪（亏损）

某合作社的种猪原值20 000元，累计折旧15 000元，因淘汰以3 000元出售。相关账务处理见表6-18。

表6-18　　　　　　　　　　　低价出售淘汰种猪的账务处理

经济业务	会计分录
低价出售淘汰种猪（亏损）	借：银行存款　　　　　　　　　　　　 3 000 　　其他支出　　　　　　　　　　　　 2 000 　　生产性生物资产累计折旧　　　　　15 000 贷：生产性生物资产——种猪　　　　　　　　20 000

【特别提示6-8】

账面净值为5 000元（20 000-15 000），差额2 000元为亏损。

【工作实例6-17】高于成本价出售经济林

某合作社的杉木林原值为200 000元，累计折旧80 000元，以150 000元出售。相关账务处理见表6-19。

表6-19　　　　　　　　　　　高于成本价出售经济林的账务处理

经济业务	会计分录
高于成本价出售经济林	借：银行存款　　　　　　　　　　　　150 000 　　生产性生物资产累计折旧　　　　　 80 000 贷：生产性生物资产——杉木林　　　　　　　200 000 　　其他收入　　　　　　　　　　　　　　　 30 000

任务三 代销商品的会计核算

知识精讲6-3

代销商品的
会计核算

一、委托代销商品的会计核算

（一）会计核算要点

1.委托代销商品收入确认时点

（1）委托代销商品收入确认时点为收到代销清单时，而非商品发出时。

（2）若协议约定手续费固定，手续费记入"经营支出"科目；若按售价差额结算，差额记入"经营收入"或"经营支出"科目。

2.成本计价原则

（1）发出代销商品时，按实际成本从"产品物资"转入"委托代销商品"科目。

（2）销售完成后，按实际成本结转至"经营支出"科目。

（二）账务处理流程

委托代销商品的账务处理见表6-20。

表6-20   委托代销商品的账务处理

经济业务	会计分录
（1）发出委托代销商品	借：委托代销商品 　　贷：产品物资
（2）收到代销清单	借：应收款 　　贷：经营收入
（3）结转成本	借：经营支出 　　贷：委托代销商品
（4）提取手续费	借：经营支出 　　贷：应收款
（5）实际收到代销款	借：银行存款 　　贷：应收款

（三）实务案例讲解

【工作实例6-18】委托超市代销芒果（手续费固定）

2025年4月，某合作社委托超市代销500箱芒果，成本40元/箱，协议售价50元/箱，手续费为售价的5%。相关账务处理见表6-21。

表6-21   委托超市代销芒果的账务处理

经济业务	会计分录	
（1）发出商品	借：委托代销商品 　　贷：产品物资——芒果	20 000 20 000

续表

经济业务	会计分录
（2）收到代销清单	借：应收款——超市 25 000 　贷：经营收入 25 000
（3）结转成本	借：经营支出 20 000 　贷：委托代销商品 20 000
（4）提取手续费	借：经营支出 1 250（25 000×5%） 　贷：应收款——超市 1 250
（5）实际收到代销款	借：银行存款 23 750 　贷：应收款——超市 23 750

二、受托代销商品的会计核算

（一）会计核算要点

1.科目定义与范围

（1）受托代销商品：核算合作社接受成员或外部单位委托代销商品的实际成本或协议价。

（2）核心原则：合作社仅作为代销中介，不承担商品所有权风险（除非协议另有约定）。

2.成本与差额处理

（1）售价高于协议价：差额计入经营收入（如协议允许合作社保留差价）。

（2）售价低于协议价：差额计入经营支出（须在协议中明确亏损责任）。

（二）账务处理流程

受托代销商品的账务处理见表6-22。

表6-22　　　　　　　　　　　　受托代销商品的账务处理

经济业务		会计分录
（1）收到受托代销商品时		借：受托代销商品 　贷：成员往来等
（2）售出受托代销商品时	实际收到的价款高于合同或协议约定的价格	借：库存现金/银行存款 　贷：受托代销商品 　　　经营收入
	实际收到的价款低于合同或协议约定的价格	借：库存现金/银行存款 　　经营支出 　贷：受托代销商品
（3）支付委托方代销商品款时		借：成员往来等 　贷：库存现金/银行存款等

（三）实务案例解析

【工作实例6-19】受托代销苹果（销售价高于协议价）

2024年10月，某合作社受托代销苹果1 000千克，协议价5元/千克，实际售价6元/千克，以银行存款支付社员王某协议价。相关账务处理见表6-23。

表6-23   受托代销商品的账务处理

经济业务	会计分录	
（1）收到受托代销商品时	借：受托代销商品	5 000
	贷：成员往来——王某	5 000
（2）售出受托代销商品时	借：银行存款	6 000
	贷：受托代销商品	5 000
	经营收入	1 000
（3）支付委托方代销商品款时	借：成员往来——王某	5 000
	贷：银行存款	5 000

【工作实例6-20】受托代销茶叶（销售价低于协议价）

2025年4月，某合作社受社员李某所托代销茶叶200千克，协议价30元/千克，因市场波动以25元/千克售出，现金支付。相关账务处理见表6-24。

表6-24   受托代销茶叶的账务处理

经济业务	会计分录	
（1）收到受托代销商品时	借：受托代销商品	6 000
	贷：成员往来——李某	6 000
（2）售出受托代销商品时	借：库存现金	5 000
	经营支出	1 000
	贷：受托代销商品	6 000
（3）支付委托方代销商品款时	借：成员往来——李某	6 000
	贷：库存现金	6 000

任务四　提供劳务收入的会计核算

一、会计核算要点

（一）收入确认原则

（1）同一会计期间完成：劳务完成且收到款项或取得收款权利时确认收入。

知识精讲6-4

提供劳务收入
的会计核算

（2）跨会计期间完成：采用完工百分比法（完工进度法）确认收入，须满足收入金额可计量、经济利益可流入、成本可可靠核算等条件。

（二）免税政策

根据《财政部 国家税务总局关于全面推开营业税改征增值税试点的通知》（财税〔2016〕36号），合作社从事以下特定农业服务时免征增值税：

（1）农业基础服务：农业机耕、排灌、病虫害防治、植物保护、农牧保险等，以及与其相关的技术培训。

（2）动物配种与疾病防治：家禽、牲畜、水生动物的配种和疾病防治。

（3）农业技术推广服务：为成员或农户提供的农业技术推广、农技咨询等服务。

（4）农村旅游开发相关服务：农业观光活动组织、农村文化体验服务。

（5）其他涉农服务：农产品初加工服务、农机作业与维修。

二、账务处理流程

提供劳务收入的账务处理见表6-25。

表6-25　　　　　　　　　　　　提供劳务收入的账务处理

经济业务	会计分录
（1）实现销售收入时	借：库存现金/银行存款/应收款/成员往来等 　　贷：经营收入
（2）期末收入结转	借：经营收入 　　贷：本年盈余

三、实务案例讲解

【工作实例6-21】提供技术培训收入

2025年4月，某合作社预收农户培训费10 000元，培训完成后确认收入，实际成本6 000元。相关账务处理见表6-26。

表6-26　　　　　　　　　　　　提供技术培训收入的账务处理

经济业务	会计分录	
（1）预收款时	借：银行存款 　　贷：预收账款	10 000 10 000
（2）完成培训确认收入	借：预收账款 　　贷：主营业务收入	10 000 10 000
（3）结转成本	借：主营业务成本 　　贷：劳务成本	6 000 6 000

【工作实例6-22】提供深加工服务

2025年3月，某合作社为外部企业提供玉米深加工服务（将玉米研磨成玉米粉），收取加工费10 600元（含税，适用6%增值税税率）。加工过程中发生电费500元、人工费2 000元、设备折旧300元。相关账务处理见表6-27。

表6-27　　　　　　　　　　提供劳务销售业务的账务处理

经济业务	会计分录
（1）归集加工服务成本	借：劳务成本　　　　　　　　　　　　　　2 800 　贷：库存现金　　　　　　　　　　　　　　　　500 　　　应付工资　　　　　　　　　　　　　　　2 000 　　　累计折旧　　　　　　　　　　　　　　　　300
（2）确认加工服务收入（加工服务收入按6%税率计税）	借：银行存款　　　　　　　　　　　　　10 600 　贷：经营收入　　　　　　　　10 000（10 600÷1.06） 　　　应交税费——应交增值税（销项税额）　600
（3）结转劳务成本	借：经营支出　　　　　　　　　　　　　　2 800 　贷：劳务成本　　　　　　　　　　　　　　　2 800

任务五　销售自己使用过的固定资产和无形资产的会计核算

知识精讲6-5

销售自己使用过的固定资产和无形资产的会计核算

一、销售自己使用过的固定资产

（一）会计核算要点

1. 账户性质与用途

（1）"固定资产清理"科目："固定资产清理"科目属于资产类会计科目，专门核算固定资产处置过程中的净值、清理费用及损益。

（2）期末余额：借方表示未清理完毕的净损失，贷方表示未清理完毕的净收益。

2. 核算范围

（1）出售：合作社将不需要的设备对外转让。

（2）报废：因技术淘汰或严重磨损终止使用。

（3）毁损：因自然灾害或事故导致无法使用。

3. 核心流程

（1）净值转出：将固定资产原值和累计折旧转入清理账户。

（2）费用与收入匹配：清理过程中的收支须单独核算。

（3）净损益结转：最终差额转入"其他收入"或"其他支出"。

（二）账务处理流程

销售自己使用过的固定资产的账务处理见表6-28。

政策点拨6-2

销售自己使用过的固定资产如何开票及缴税

表6-28　　　　　　　　　销售自己使用过的固定资产的账务处理

经济业务	会计分录
（1）转入清理科目	借：固定资产清理 　　累计折旧 　贷：固定资产
（2）支付清理费用	借：固定资产清理 　贷：银行存款/库存现金/应收款/成员往来等
（3）出售时结转损益	①当售出金额大于固定资产清理科目余额时： 借：银行存款/库存现金/应收款/成员往来等 　贷：固定资产清理 　　　其他收入 ②当售出金额小于固定资产清理科目余额时： 借：银行存款/库存现金/应收款/成员往来等 　　其他支出 　贷：固定资产清理

（三）实务案例解析

【工作实例6-23】销售自己使用过的农机（净收益）

2025年4月，某合作社出售一台原值10万元、已提折旧6万元的收割机，售价5万元，支付运费2 000元。相关账务处理见表6-29。

表6-29　　　　　　　　　销售自己使用过的农机的账务处理

经济业务	会计分录
（1）转入清理	借：固定资产清理——收割机　　　40 000 　　累计折旧　　　　　　　　　　60 000 　贷：固定资产——收割机　　　　　100 000
（2）支付运费	借：固定资产清理——收割机　　　2 000 　贷：银行存款　　　　　　　　　　2 000
（3）收到出售款	借：银行存款　　　　　　　　　　50 000 　贷：固定资产清理——收割机　　　50 000
（4）结转净收益	借：固定资产清理——收割机　8 000（50 000-40 000-2 000） 　贷：其他收入——清理收益　　　　8 000

【工作实例6-24】低价转让闲置设备

2025年4月，某合作社以2万元转让一台原值5万元、已提折旧3万元的烘干机，支付中介费1 000元。相关账务处理见表6-30。

表6-30 低价转让闲置设备的账务处理

经济业务	会计分录	
(1) 转入清理	借：固定资产清理——烘干机 　　累计折旧 　贷：固定资产——烘干机	20 000 30 000 50 000
(2) 支付运费	借：固定资产清理——烘干机 　贷：银行存款	1 000 1 000
(3) 收到出售款	借：银行存款 　贷：固定资产清理——烘干机	20 000 20 000
(4) 结转净收益	借：其他支出——清理损失　　1 000（20 000+1 000−20 000） 　贷：固定资产清理——烘干机	1 000

二、销售自己使用过的无形资产

（一）会计核算要点

1.账户设置

（1）"无形资产"科目：记录无形资产的原始成本（如专利权、商标权等）；

（2）"累计摊销"科目：记录无形资产使用期间分摊的成本；

（3）"其他收入"/"其他支出"科目：核算出售无形资产的净收益或净损失。

2.账面价值计算公式

无形资产账面价值=原值（成本）−累计摊销

3.税费处理

出售无形资产需要缴纳增值税（税率一般为6%或9%），特殊情况下可免税（如农业相关技术转让）。

4.净损益确认

净收益：处置收入>账面价值+税费+清理费用，差额计入其他收入；

净损失：处置收入<账面价值+税费+清理费用，差额计入其他支出。

（二）账务处理流程

销售自己使用过的无形资产的账务处理见表6-31。

表6-31 销售自己使用过的无形资产的账务处理

经济业务	会计分录
(1) 处置形成净收益	借：库存现金/银行存款 　　累计摊销 　贷：无形资产 　　　应交税费/库存现金/银行存款等 　　　其他收入（差额）

续表

经济业务	会计分录
（2）处置形成净损失	借：库存现金/银行存款 　　累计摊销 　　其他支出（差额） 贷：无形资产 　　应交税费/库存现金/银行存款等

（三）实务案例解析

【工作实例6-25】正常出售专利权（净收益）

2025年4月，某合作社出售一项原值10万元、累计摊销3万元的专利权，售价8万元，支付增值税4 800元（税率6%）。相关账务处理见表6-32。

表6-32　　　　　　　　　　　正常出售专利权的账务处理

经济业务	会计分录	
正常出售专利权	借：银行存款 　　累计摊销 贷：无形资产——专利权 　　应交税费——应交增值税（销项税） 　　其他收入	80 000 30 000 100 000 4 800 5 200

【工作实例6-26】折价转让商标权（净损失）

2025年4月，某合作社以5万元转让一项原值12万元、累计摊销5万元的商标权，支付增值税3 000元（税率6%）。相关账务处理见表6-33。

表6-33　　　　　　　　　　　折价转让商标权的账务处理

经济业务	会计分录	
折价转让商标权	借：银行存款 　　累计摊销 　　其他支出 贷：无形资产——商标权 　　应交税费——应交增值税（销项税）	50 000 50 000 23 000 120 000 3 000

知识精讲6-6

特殊销售业务的会计核算

任务六　特殊销售业务的会计核算

农民专业合作社在销售农产品及生产资料时，常涉及折扣销售（商业折扣）、销售折扣（现金折扣）和销售折让。

一、折扣销售（商业折扣）

（一）会计核算要点

折扣销售，是指销售前直接给予的价格优惠（如"购买10件打九折"），属于促销行为。销售额按折扣后金额确认，需要在同一张发票上注明折扣。

（二）账务处理流程

折扣销售的账务处理见表6-34。

表6-34　　　　　　　　　　　　　折扣销售的账务处理

经济业务	会计分录
折扣销售（销售额按折扣后金额确认，需要在同一张发票上注明折扣）	借：银行存款/库存现金/应收款/成员往来等 　　贷：经营收入

（三）实务案例解析

【工作实例6-27】折扣销售

2025年4月，某合作社销售自产玉米10吨，标价2万元/吨，给予采购方8折优惠，折扣与原价在同一张发票上注明。相关账务处理见表6-35。

表6-35　　　　　　　　　　　　　折扣销售的账务处理

经济业务	会计分录	
折扣销售	借：应收款 　　贷：经营收入	160 000 160 000

二、销售折扣（现金折扣）

（一）会计核算要点

销售折扣，是指为鼓励买方提前付款而给予的债务扣除（如"2/10，1/20，n/30"）。发生在销售确认后，属于融资行为，计入财务费用。

（二）财务处理流程

销售折扣的账务处理见表6-36。

表6-36　　　　　　　　　　　　　销售折扣的账务处理

经济业务	会计分录
（1）销售时（销售时按全额确认收入）	借：应收款/成员往来 　　贷：经营收入
（2）实际收款时（实际收款时折扣计入财务费用）	借：银行存款/库存现金 　　　财务费用 　　贷：应收款/成员往来

（三）实务案例解析

【工作实例6-28】销售折扣

2025年4月，某合作社销售农产品10万元，现金折扣条件为"2/10"（注：10天内付款，可以折扣2%）。相关账务处理见表6-37。

表6-37　　　　　　　　　　　　　　销售折扣的账务处理

经济业务	会计分录
（1）销售时	借：应收款　　　　　　　　　　　　　　100 000 　　贷：经营收入　　　　　　　　　　　　　100 000
（2）10天内实际收款时	借：银行存款　　　　　　　　　　　　　98 000 　　财务费用　　　　　　　　　　　　　2 000 　　贷：应收款/成员往来　　　　　　　　100 000

三、销售折让

（一）会计核算要点

销售折让，是指因商品质量或规格问题，销售方同意在售价上减让。销售折让需要冲减当期收入，并开具红字发票调整税额。

（二）账务处理流程

销售折让的账务处理见表6-38。

表6-38　　　　　　　　　　　　　　销售折让的账务处理

经济业务	会计分录
发生销售折让时	借：经营收入 　　贷：银行存款/库存现金/成员往来/应付款

（三）实务案例解析

【工作实例6-29】销售折让

2025年4月，某合作社向社员销售种子5万元，因质量问题折让10%，现金支付。相关账务处理见表6-39。

表6-39　　　　　　　　　　　　　　销售折让的账务处理

经济业务	会计分录
发生销售折让时	借：经营收入　　　　　　　　　　　　　5 000 　　贷：库存现金　　　　　　　　　　　　5 000

项目实施

针对"项目导入"中的经济业务，相关处理程序如下：

第一步：确定可免税销售业务和须留存资料

（1）可免税业务：

预售南瓜：销售本社成员生产的初级农产品（南瓜），免征增值税。

受托代销苹果：代销成员自产苹果，合作社仅收取手续费，委托方（成员李华）销售自产农产品免税。

（2）须留存资料：成员身份证明（李华的社员证）、农产品购销合同/代销协议、农产品产地证明（如种植记录）。

第二步：用先进先出法计算南瓜销售成本

首次销售1 500千克南瓜的成本：

第一批南瓜成本=800×5=4 000（元）

剩余700千克南瓜从第二批1 200千克南瓜中发出，成本=700×6=4 200（元）

总成本=4 000+4 200=8 200（元）

第三步：编制受托代销苹果会计分录

（1）收到代销商品：

借：托代销商品　　　　　　　　　　　　　　　　　6 000（1 500×4）

　　贷：成员往来——李华　　　　　　　　　　　　　　　　　　6 000

（2）实际售出：

借：银行存款　　　　　　　　　　　　　　　　　　7 500（1 500×5）

　　贷：受托代销商品　　　　　　　　　　　　　　　　　　　　6 000

　　　　经营收入　　　　　　　　　　　　　　　　　　　　　　1 500

（3）支付代销款：

借：成员往来——李华　　　　　　　　　　　　　　　6 000

　　贷：银行存款　　　　　　　　　　　　　　　　　　　　　　6 000

第四步：进行南瓜销售折让处理

发票处理：开具红字增值税普通发票，冲减原销售额160元（200×8×10%）。

借：经营收入　　　　　　　　　　　　　　　　　　　160

　　贷：银行存款/应收账款　　　　　　　　　　　　　　　　　160

第五步：进行农机销售会计处理

农机出售净损益计算：

账面净值=50 000-30 000=20 000（元）

清理净支出=25 000-20 000-500=4 500（元）

会计处理如下：

（1）转入清理：

借：固定资产清理　　　　　　　　　　　　　　　　20 000

　　累计折旧　　　　　　　　　　　　　　　　　　30 000

　　贷：固定资产　　　　　　　　　　　　　　　　　　　　50 000

（2）支付清理费：

借：固定资产清理　　　　　　　　　　　　　　　　　500

　　贷：银行存款　　　　　　　　　　　　　　　　　　　　　500

（3）收到销售款：

借：银行存款　　　　　　　　　　　　　　　　　　25 000

　　贷：固定资产清理　　　　　　　　　　　　　　　　　　　　　　　　25 000
　　（4）结转净收益：
　　借：固定资产清理　　　　　　　　　　　　　　　　　　　　　　　　 4 500
　　　　贷：其他收入　　　　　　　　　　　　　　　　　　　　　　　　 4 500

德技并修

　　案例引入： 某苹果种植合作社通过电商平台预售有机苹果，社员张强在装箱时发现部分苹果有轻微虫蛀。合作社理事长王芳面临两个选择：①按合同约定以次充好发货，可保住10万元订单；②主动告知客户瑕疵并提供补偿，可能面临退货风险但能维护合作社信誉。最终合作社选择诚信经营，向客户说明情况并提供八折优惠，赢得了客户长期合作意向。

　　德育要素： 诚实守信　知行合一

　　职业点拨： 诚信经营是乡村全面振兴战略的重要基石。诚信经营不仅关乎合作社的经济命脉，更是实现乡村振兴战略的核心伦理支撑。作为新型农业经营主体的会计人员，必须深刻理解《中华人民共和国乡村振兴促进法》中"坚持农民主体地位，维护农民合法权益"的立法精神。在实务中，面对产品质量瑕疵、合同履约风险等问题时，会计人员必须坚持诚信原则。这种职业选择背后，是对"强国必先强农"战略的践行。真实的会计报表是乡村振兴路上最坚实的铺路石。

　　会计人员应坚守会计准则，如实反映经营成果。会计准则的严肃性，在农业领域体现得尤为深刻，每一个核算环节都影响着国家惠农政策的落地效果。需要强调的是，会计人员要主动识别如"刷单虚增销量""阴阳合同避税"等新型舞弊手段，让会计准则成为刺破经营泡沫的"探针"。唯有如此，财务报表才能真实映射农业现代化的进程，为政策制定提供可靠依据。

📝 项目测试

项目测试6-1

在线答题

一、单选题

1.合作社销售社员自产蜂蜜适用的增值税政策是（　　）。

A.免征增值税　　　　　　　　　　　B.按3%简易计税

C.按9%低税率　　　　　　　　　　　D.全额征收

2.某合作社2025年3月发生销售退回，正确的会计处理是（　　）。

A.直接冲减当月销售收入　　　　　　B.记入"其他支出"科目

C.调整年初未分配利润　　　　　　　D.挂账待下月抵减

3.某合作社采用先进先出法核算玉米销售，期初库存300千克，单价10元，第一批购入900千克，单价11元，销售1 050千克应结转成本（　　）元。

A.10 500　　　　　　　　　　　　　　B.11 250

C.11 550　　　　　　　　　　　　　　D.12 000

4.合作社受托代销商品出现售价低于协议价时，差额应记入（　　）科目。

A."经营收入"   B."其他支出"

C."经营支出"   D."管理费用"

5.销售使用过的收割机产生的净收益应记入（　　　）科目。

A."经营收入"   B."其他收入"

C."资本公积"   D."专项基金"

二、多选题

1.下列各项中，免征增值税的有（　　　）。

A.向社员销售有机肥   B.代成员销售鲜香菇

C.对外销售自产果酱   D.为非成员提供农机维修

2.采用个别计价法应满足的条件包括（　　　）。

A.存货具有可识别特征   B.存货周转率较高

C.单位价值超过5 000元   D.有详细存货记录

3.下列情形能体现诚信经营的有（　　　）。

A.主动计提质量保证金   B.单独披露关联方交易

C.按实际损耗率结转成本   D.延迟确认坏账损失

4.合作社受托代销商品的风险包括（　　　）。

A.货款回收风险   B.商品保管责任

C.增值税连带责任   D.成员信用违约风险

5.下列各项中，属于会计人员职业道德"红线"的有（　　　）。

A.配合虚增农机补贴收入   B.未及时披露关联方资金占用情况

C.按实际销售额申报免税   D.拒绝对外提供社员隐私信息

三、判断题

1.现金折扣应冲减经营收入。   （　　　）

2.受托代销商品需要承担所有权风险。   （　　　）

3.合作社自产自销的蜂蜜适用9%增值税税率。   （　　　）

4.合作社销售树苗给非成员可享受增值税免税政策。 （　　　）

5.销售折让需要开具红字发票。   （　　　）

四、业务题

绿源果蔬合作社2024年10月发生以下业务：

（1）向成员销售自产有机苹果1 000箱（成本60元/箱），售价100元/箱，开具免税发票；

（2）为推广品牌，随货赠送定制环保包装盒200个（成本8元/个，市场价15元/个）；

（3）因运输挤压导致50箱苹果破损，与客户协商给予30%价格折让。

请依据以上业务，编制会计分录。

项目评价

本项目评价见表6-40。

表6-40   项目评价表

项目名称		销售环节的会计核算		
评价要点		评分标准	学生自评（50%）	教师评价（50%）
知识掌握（30分）	理解销售环节免税政策（10分）	·优秀（8~10分）：能准确回答知识点并举例应用。 ·良好（5~7分）：基本掌握知识但存在细节疏漏。 ·待改进（0~4分）：概念模糊或混淆知识点的适用性		
	掌握存货计价方法（10分）			
	熟悉生物资产分类及成本结转规则（10分）			
技能提升（40分）	正确编制会计分录（10分）	·优秀（8~10分）：分录无错误，计算准确，分析全面。 ·良好（5~7分）：分录有1~2处错误，计算逻辑正确且结果偏差不超过5%。 ·待改进（0~4分）：分录错误多于或等于3处，计算逻辑混乱		
	能够正确计算农产品销售成本及增值税免税收入（10分）			
	能够结合免税政策计算销售收入并填制增值税申报表（10分）			
	能够分析销售环节常见税务风险并提出合规建议（10分）			
素质养成（30分）	具有诚信经营意识（10分）	·优秀（8~10分）：案例分析决策合理，主动提出合规建议。 ·良好（5~7分）：能完成基础分析但缺乏创新。 ·待改进（0~4分）：决策违背职业伦理或缺乏团队贡献		
	具有依法纳税观念（10分）			
	具有团队协作能力及可持续发展思维（10分）			
综合评价成绩（100分）				
学生自评： 学生签字：				
教师评语： 教师签字：				

盈余及盈余分配的会计核算

学习目标

知识目标

1.掌握农民专业合作社盈余及盈余分配的会计核算流程及核心科目设置。

2.理解股金、资本公积、专项基金、盈余公积的核算规则及其在盈余分配中的作用。

3.熟悉《中华人民共和国农民专业合作社法》中关于盈余分配的基本原则及税收优惠政策。

4.了解年终结转与所得税核算的账务处理方法。

技能目标

1.能正确编制股金增减、资本公积转增、专项基金使用等业务的会计分录。

2.能独立完成盈余分配的全流程核算,包括盈余公积提取、盈余返还及剩余分配。

3.能结合税收优惠政策计算应纳税所得额。

素养目标

1.强化依法分配意识,能够遵循合作社章程与相关法律法规。

2.培养社会责任观念,理解盈余分配对乡村振兴与成员权益保障的战略意义。

3.提升财务透明度思维,确保盈余分配过程的公平性与可追溯性。

4.增强风险防控能力,识别虚增利润、违规分配等舞弊行为。

【知识导图】

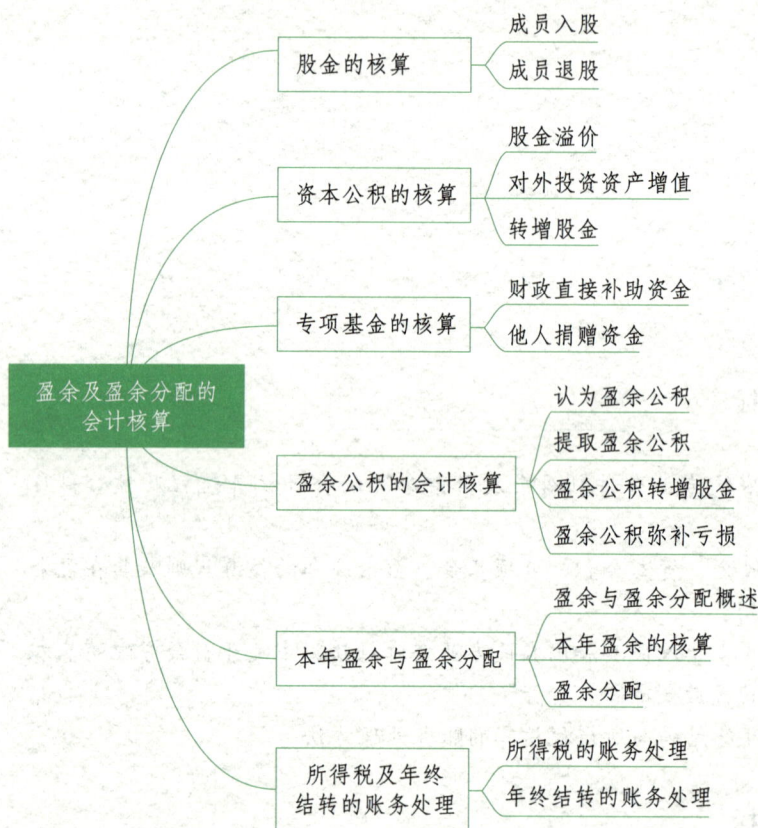

盈余及盈余分配的会计核算
- 股金的核算
  - 成员入股
  - 成员退股
- 资本公积的核算
  - 股金溢价
  - 对外投资资产增值
  - 转增股金
- 专项基金的核算
  - 财政直接补助资金
  - 他人捐赠资金
- 盈余公积的会计核算
  - 认为盈余公积
  - 提取盈余公积
  - 盈余公积转增股金
  - 盈余公积弥补亏损
- 本年盈余与盈余分配
  - 盈余与盈余分配概述
  - 本年盈余的核算
  - 盈余分配
- 所得税及年终结转的账务处理
  - 所得税的账务处理
  - 年终结转的账务处理

【项目导入】

绿禾合作社是主营果蔬种植与销售的农民专业合作社，2024年发生以下业务：

（1）成员张某以现金100 000元入股，协议约定其享有股金份额80 000元。成员李某以一台全新农用拖拉机入股，协议价50 000元，公允价值60 000元。原成员王某申请退股，退回其股金30 000元。

（2）合作社以自有厂房对外投资，厂房原值200 000元，累计折旧40 000元，协议作价220 000元。

（3）收到政府农业补贴资金150 000元，专项用于购买灌溉设备。接受社会捐赠现金20 000元，用于合作社技术培训。

（4）2024年合作社实现净利润500 000元，按章程规定提取10%作为盈余公积。

（5）经成员大会决议，本年盈余分配方案如下：按交易量返还成员60%（交易量总额为300 000元，成员张某交易量占比40%）。剩余可分配盈余的20%按股金比例分配。

（6）合作社从事蔬菜种植免征企业所得税，深加工业务应纳税所得额为100 000元（税率25%）。

思考：

（1）成员张某现金入股时，协议股金份额与实际出资差额如何处理？请编制会计分录。李某以拖拉机入股，若协议价与公允价值不一致，如何确认资本公积？

（2）厂房对外投资增值的差额应记入哪个科目？若协议价低于账面净值，会计处理是否不同？

（3）政府补贴资金用于购买灌溉设备后，如何核销"专项应付款"？

（4）盈余公积如何计提？

（5）如何进行企业所得税的处理？

（6）盈余分配应该遵循哪些原则，如何进行会计处理？

任务一　股金的会计核算

一、成员入股的会计核算

（一）会计核算要点

（1）成员入股时，按实际出资金额记入"股金"科目，按成员名称设置明细科目。

（2）"产品物资""固定资产""无形资产"等科目核算收到成员投资入股的非货币性资产成本。

（二）账务处理流程

成员入股的账务处理见表7-1。

表7-1　　　　　　　　　　成员入股的账务处理

经济业务	会计分录
（1）收到新成员入社现金	借：库存现金 　　贷：股金
（2）收到新成员入社非货币性资产	借：固定资产/无形资产/产品物资等 　　贷：股金

（三）实务案例解析

【工作实例7-1】成员入股

2025年4月，某合作社成员王某以现金50 000元入股合作社。相关账务处理见表7-2。

表7-2　　　　　　　　　　成员入股的账务处理

经济业务	会计分录	
收到新成员入社现金	借：库存现金 　　贷：股金——王某	5 000 5 000

二、成员退股的会计核算

（一）会计核算要点

使用"股金"科目核算成员退股金额，并在有关明细账及备查簿中详细记录股金变动情况。

（二）账务处理流程

成员退股的账务处理见表7-3。

表7-3　　　　　　　　　　　　　　　　　成员退股的账务处理

经济业务	会计分录
成员退股	借：股金等 　　贷：银行存款

（三）实务案例解析

【工作实例7-2】成员退股

2025年4月，合作社成员李某申请退股，原入股金额30 000元，合作社以银行存款退还。相关账务处理见表7-4。

表7-4　　　　　　　　　　　　　　　　　成员退股的账务处理

经济业务	会计分录	
成员退股	借：股金——李某 　　贷：银行存款	3 000 3 000

任务二　资本公积的会计核算

一、股金溢价的会计核算

（一）会计核算要点

（1）合作社使用"股金"科目核算成员实际出资的货币资金金额，使用"产品物资""固定资产""无形资产"等科目核算收到成员投资入股的非货币性资产成本。

（2）如果成员投入的金额超过其应享有合作社成员出资总额的份额，差额部分记入"资本公积"科目。

（二）账务处理流程

股金溢价的账务处理见表7-5。

表7-5　　　　　　　　　　　　　　　　　股金溢价的账务处理

经济业务	会计分录
（1）收到新成员入社现金产生股金溢价时	借：库存现金 　　贷：股金 　　　　资本公积（或借）
（2）收到新成员入社非货币性资产产生股金溢价时	借：固定资产/无形资产/产品物资等 　　贷：股金 　　　　资本公积（或借）

（三）实务案例解析

【工作实例7-3】股金溢价

2025年4月，某合作社成员赵某以设备入股，协议价50 000元，公允价值55 000元。相关账务处理见表7-6。

表7-6　　　　　　　　　　　　　股金溢价的账务处理

经济业务	会计分录
股金溢价	借：固定资产　　　　　　　　　　　　　55 000 　贷：股金——赵某　　　　　　　　　　　50 000 　　　资本公积　　　　　　　　　　　　　5 000

【工作实例7-4】股金溢价

2025年，某合作社收到新成员李某入社现金50 000元，协议约定其享有合作社股金份额34 000元；接受陈某以两项生产技术专利投资入股，公允价值50 000元，享有合作社注册资本份额计算的股金金额为35 000元。合作社按10年摊销其成本。相关账务处理见表7-7。

表7-7　　　　　　　　　　　　　股金溢价的账务处理

经济业务	会计分录
（1）收到新成员入社现金	借：库存现金　　　　　　　　　　　　　50 000 　贷：股金　　　　　　　　　　　　　　　34 000 　　　资本公积　　　　　　　　　　　　　16 000
（2）接受陈某生产技术专利投资入股	借：无形资产　　　　　　　　　　　　　50 000 　贷：股金　　　　　　　　　　　　　　　35 000 　　　资本公积　　　　　　　　　　　　　15 000
（3）摊销无形资产成本	借：管理费用　　　　　　　5 000（50 000÷10） 　贷：无形资产　　　　　　　　　　　　　5 000

二、对外投资资产增值的会计核算

（一）会计核算要点

（1）"对外投资"科目核算按照评估确认或者合同、协议约定的非货币性资产价值和相关税费。

（2）"累计折旧""累计摊销"等科目核算已计提的累计折旧或摊销。

（3）"消耗性生物资产""生产性生物资产""固定资产""无形资产"等科目核算投出资产的成本。

（4）按照应支付的相关税费，贷记"应交税费"等科目。

（二）账务处理流程

对外投资资产增值的账务处理见表7-8。

表7-8   对外投资资产增值的账务处理

经济业务	会计分录
对外投资资产增值	借：对外投资 　　累计折旧/累计摊销/生产性生物资产折旧 贷：固定资产/无形资产/生产性生物资产 　　应交税费 　　资本公积（或借）

（三）实务案例解析

【工作实例7-5】对外投资资产增值

2025年4月，某合作社以一幢厂房对外联营投资，该厂房原账面价值为200 000元，已提折旧40 000元，双方协议作价210 000元。相关账务处理见表7-9。

表7-9   对外投资资产增值的账务处理

经济业务	会计分录	
对外投资资产增值	借：对外投资 　　累计折旧 贷：固定资产 　　资本公积	210 000 40 000 200 000 50 000

三、转增股金的会计核算

（一）会计核算要点

合作社用资本公积转增股金时，借记"资本公积"科目，贷记"股金"科目。

（二）账务处理流程

转增股金的账务处理见表7-10。

表7-10   转增股金的账务处理

经济业务	会计分录
资本公积转增股金	借：资本公积 贷：股金

（三）实务案例解析

【工作实例7-6】转增股金

2025年4月，经成员大会批准，某合作社将资本公积10 000元转增股金。相关账务处理见表7-11。

表7-11   转增股金的账务处理

经济业务	会计分录	
转增股金	借：资本公积 贷：股金	10 000 10 000

任务三 专项基金的会计核算

一、财政直接补助资金的会计核算

（一）会计核算要点

合作社应设置"专项基金"账户，进行财政直接补助的会计核算。该账户属于所有者权益类账户。该账户应按合作社专项基金来源设置明细账户，进行明细核算。

知识精讲7-3

专项基金的
会计核算

（二）账务处理流程

财政直接补助的账务处理见表7-12。

表7-12   财政直接补助的账务处理

经济业务	会计分录
（1）合作社使用已收到的国家财政直接补助资金取得非货币性资产，或用于兴建农业农村基础设施	收到补助资金时： 借：库存现金/银行存款 　　贷：专项应付款 购买非货币性资产或用于兴建农村基础设施时： 借：消耗性生物资产/生产性生物资产/固定资产等 　　贷：库存现金/银行存款 同时： 借：专项应付款 　　贷：专项基金
（2）取得生物资产、固定资产、无形资产等非货币性资产之后收到对应用途的国家财政直接补助资金	收到补助资金时： 借：库存现金/银行存款 　　贷：专项应付款 同时： 借：专项应付款 　　贷：专项基金
（3）收到国家财政直接补助的非货币性资产（包括以前年度收到或形成但尚未入账的）	借：固定资产/无形资产（按照有关凭据注明的金额加上相关税费） 　　贷：专项基金 对于应支付的相关税费： 借：其他支出 　　贷：库存现金/银行存款/应付款/应交税费

【特别提示7-1】

（1）没有相关凭据的，按照资产评估价值或者比照同类或类似资产的市场价格，加上相关税费。（2）无法采用上述方法计价的，应当按照名义金额1元入账，并设置备查簿进行登记和后续管理。

（三）实务案例解析

【工作实例7-7】收到财政直接补助资金

2025年4月，某合作社收到政府农业补贴100 000元，专用于购买农机。相关账务处理见表7-13。

表7-13　　　　　　　　　　　　收到财政直接补助资金的账务处理

经济业务	会计分录
收到对应用途的国家财政直接补助资金	借：银行存款　　　　　　　　　　　　　　　　100 000 　　贷：专项应付款　　　　　　　　　　　　　　100 000

【工作实例7-8】专项基金使用

2025年，某合作社使用财政补助100 000元购买拖拉机，相关账务处理见表7-14。

表7-14　　　　　　　　　　　　专项基金使用的账务处理

经济业务	会计分录
专项基金使用	借：固定资产　　　　　　　　　　　　　　　　100 000 　　贷：银行存款　　　　　　　　　　　　　　　100 000 同时： 借：专项应付款　　　　　　　　　　　　　　　100 000 　　贷：专项基金　　　　　　　　　　　　　　　100 000

【工作实例7-9】收到财政直接补助资金

2025年3月，某合作社购置农机一台，价值480 000元，随后申请并取得对应用途财政直接补助资金250 000元。相关账务处理见表7-15。

表7-15　　　　　　　　　　　　收到财政直接补助资金的账务处理

经济业务	会计分录
（1）购置农机	借：固定资产　　　　　　　　　　　　　　　　480 000 　　贷：银行存款　　　　　　　　　　　　　　　480 000
（2）取得财政直接补助资金	借：银行存款　　　　　　　　　　　　　　　　250 000 　　贷：专项应付款　　　　　　　　　　　　　　250 000 同时： 借：专项应付款　　　　　　　　　　　　　　　250 000 　　贷：专项基金　　　　　　　　　　　　　　　250 000

二、他人捐赠资金的会计核算

（一）会计核算要点

"专项基金"账户核算实际收到他人捐赠的货币资金以及收到的他人捐赠的非货币性资产成本。

（二）账务处理流程

他人捐赠资金的账务处理见表7-16。

表7-16　　　　　　　　　　　　　他人捐赠资金的账务处理

经济业务	会计分录
（1）收到他人捐赠的货币资金	借：库存现金/银行存款 　　贷：专项基金
（2）收到他人捐赠的非货币性资产	借：固定资产/无形资产（按照有关凭据注明的金额加上相关税费） 　　贷：专项基金

（三）实务案例解析

【工作实例7-10】他人捐赠资金

2025年4月，某合作社收到企业捐赠现金5 000元；收到社会捐赠全新破壁机1台，发票上注明的价款为22 000元；收到社会捐赠旧台式电脑1台，没有附发票，经批准的评估价为3 000元。相关账务处理见表7-17。

表7-17　　　　　　　　　　　　　他人捐赠资金的账务处理

经济业务	会计分录	
（1）接受企业捐赠现金	借：库存现金/银行存款 　　贷：专项基金	5 000 5 000
（2）接受捐赠破壁机	借：固定资产 　　贷：专项基金	22 000 22 000
（3）接受捐赠旧台式电脑	借：固定资产 　　贷：专项基金	3 000 3 000

任务四　盈余公积的会计核算

一、认识盈余公积

盈余公积是指合作社从当年盈余中按一定比例提取的，主要用于弥补亏损、扩大生产经营或转为成员出资的专用基金。提取的盈余公积应按章程规定量化到每个成员。

知识精讲7-4

盈余公积的
会计核算

二、提取盈余公积的会计核算

（一）会计核算要点

（1）"盈余公积"账户核算合作社提取的盈余公积数额。该账户属于所有者权益类账户。

（2）"盈余公积"账户应按合作社盈余公积用途设置明细账户，进行明细核算。

（二）账务处理流程

提取盈余公积的账务处理见表7-18。

表7-18 提取盈余公积的账务处理

经济业务	会计分录
提取盈余公积	借：盈余分配——各项分配 　　贷：盈余公积

（三）实务案例解析

【工作实例7-11】提取盈余公积

某合作社2024年盈余500 000元，按10%提取盈余公积。相关账务处理见表7-19。

表7-19 提取盈余公积的账务处理

经济业务	会计分录	
提取盈余公积	借：盈余分配——各项分配 　　贷：盈余公积	50 000 50 000

三、盈余公积转增股金的会计核算

（一）会计核算要点

合作社用盈余公积转增股金时，使用"盈余公积""股金"科目核算。

（二）账务处理流程

盈余公积转增股金的账务处理见表7-20。

表7-20 盈余公积转增股金的账务处理

经济业务	会计分录
盈余公积转增股金	借：盈余公积 　　贷：股金

（三）实务案例解析

【工作实例7-12】盈余公积转增股金

某合作社经成员大会批准，从2024年盈余中提取盈余公积30 000元转增股金。相关账务处理见表7-21。

表7-21 盈余公积转增股金的账务处理

经济业务	会计分录	
盈余公积转增股金	借：盈余公积 　　贷：股金	30 000 30 000

四、盈余公积弥补亏损的会计核算

（一）会计核算要点

合作社用盈余公积弥补亏损，借记"盈余公积"科目，贷记"盈余分配——未分配盈余"科目。

（二）账务处理流程

盈余公积弥补亏损的账务处理见表7-22。

表7-22　　　　　　　　　　　　盈余公积弥补亏损的账务处理

经济业务	会计分录
盈余公积弥补亏损	借：盈余公积 　　贷：盈余分配——未分配盈余

（三）实务案例解析

【工作实例7-13】盈余公积弥补亏损

某合作社用2024年盈余弥补2023年70 000元亏损。相关账务处理见表7-23。

表7-23　　　　　　　　　　　　盈余公积弥补亏损的账务处理

经济业务	会计分录	
盈余公积弥补亏损	借：盈余公积 　　贷：盈余分配——未分配盈余	70 000 70 000

任务五　本年盈余与盈余分配的会计核算

一、认识盈余与盈余分配

知识精讲7-5

（一）盈余的概念

盈余是指在一个会计年度内，合作社通过生产经营活动实现的收入总额扣除各项成本、费用、税金及损失后的剩余利润。盈余是合作社经营成果的核心体现，也是成员分享收益的基础。

本年盈余与盈余分配的会计核算

（二）盈余分配的基本原则

根据《中华人民共和国农民专业合作社法》及合作社章程，盈余分配需要遵循以下原则：

（1）按交易量（额）分配为主：体现"劳动联合"的核心原则，鼓励成员积极参与合作社经营。

（2）资本报酬有限：资本分红比例通常不超过盈余的40%，避免资本过度控制。

（3）兼顾公共利益：提取公积金用于合作社发展和风险防范。

二、本年盈余的会计核算

（一）会计核算要点

（1）合作社的本年盈余按照下列公式计算：

本年盈余=经营收益+其他收入−其他支出−所得税费用

其中：经营收益=经营收入+投资收益−经营支出−税金及附加−管理费用−财务费用

（2）合作社应设置"本年盈余"账户，核算各项收入和收益转入的金额，以及转入盈余分配的金额。该账户属于所有者权益类账户，结转后，账户应无余额。

（3）会计期末结转盈余时，应将相关收入和支出科目余额转入"本年盈余"科目。

（二）账务处理流程

本年盈余的账务处理见表7-24。

表7-24 本年盈余的账务处理

经济业务	会计分录
（1）结转各项收入	借：经营收入/其他收入 　　贷：本年盈余
（2）结转各项支出	借：本年盈余 　　贷：经营支出 　　　　管理费用 　　　　其他支出 　　　　税金及附加 　　　　财务费用 　　　　所得税费用
（3）结转投资收益	借：投资收益 　　贷：本年盈余 如为投资净损失： 借：本年盈余 　　贷：投资收益
（4）结转盈余分配	借：本年盈余 　　贷：盈余分配——未分配盈余 如为净亏损，做相反会计分录。

【特别提示7-2】

结转后，"本年盈余"科目应无余额。

（三）实务案例解析

【工作实例7-14】本年盈余

某合作社2024年年末收入总额为1 200 000元，费用总额为800 000元。据此，进行年末结账。相关账务处理见表7-25。

表7-25   本年盈余的账务处理

经济业务	会计分录
（1）结转各项收入	借：经营收入 1 200 000 贷：本年盈余 1 200 000
（2）结转各项费用	借：本年盈余 800 000 贷：经营支出 800 000
（3）结转盈余分配	借：本年盈余 400 000 贷：盈余分配——未分配盈余 400 000

三、盈余分配的会计核算

（一）会计核算要点

1.盈余分配的顺序

（1）弥补亏损。

（2）提取盈余公积。

（3）盈余返还。合作社弥补亏损和提取盈余公积后的可分配盈余，按成员与本社交易量（额）比例返还，返还总额不得低于可分配盈余的60%。

（4）剩余盈余分配。

2.会计科目设置

（1）"盈余分配"账户核算合作社当年盈余的分配（或亏损的弥补）和历年分配后的结存余额。"盈余分配"账户应设置"各项分配"和"未分配盈余"两个二级明细账户，进行明细核算。

（2）"应付剩余盈余"账户核算分配给成员的剩余可分配盈余。

（3）"应付盈余返还"账户核算返还给成员的盈余。

（二）账务处理流程

盈余分配的账务处理见表7-26。

表7-26   盈余分配的账务处理

经济业务	会计分录
（1）提取盈余公积	借：盈余分配——各项分配 贷：盈余公积
（2）提取返还盈余	借：盈余分配——各项分配 贷：应付盈余返还
（3）分配剩余盈余	借：盈余分配——各项分配 贷：应付剩余盈余

续表

经济业务	会计分录
（4）年度终了，将全年实现的净盈余转入盈余分配	借：本年盈余 　贷：盈余分配——未分配盈余 如为净亏损： 借：盈余分配——未分配盈余 　贷：本年盈余 同时： 借：盈余分配——未分配盈余 　贷：盈余分配——各项分配

（三）实务案例解析

【工作实例7-15】盈余分配

某合作社用2024年盈余弥补2023年亏损后还有500 000元，经成员大会批准，按以下方案进行分配：按20%提取盈余公积，剩余部分的70%按交易额返还给成员，20%按成员账户记录的股金和公积金份额分配给成员，其余留存下年。相关账务处理见表7-27。

表7-27　　　　　　　　　　　　　　盈余分配的账务处理

经济业务	会计分录	
（1）提取盈余公积	借：盈余分配——各项分配 　贷：盈余公积	100 000 100 000
（2）按交易额计算应向成员返还盈余	借：盈余分配——各项分配 　贷：应付盈余返还	280 000 280 000
（3）向成员返还盈余	借：应付盈余返还 　贷：成员往来	280 000 280 000
（4）按份额计算应向成员分配剩余盈余	借：盈余分配——各项分配 　贷：应付剩余盈余	80 000 80 000
（5）向成员分配剩余盈余	借：应付剩余盈余 　贷：成员往来	80 000 80 000

任务六　所得税费用及年终结转的账务处理

一、所得税的账务处理

（一）认识企业所得税

1.企业所得税的概念

企业所得税是国家对境内企业和其他经济组织（不包括个人独资企业、合伙企业）的生产经营所得和其他所得征收的直接税。农民专业合作社作为法人实体，必须依法缴纳企业所得税。

2.应纳税所得额的计算

（1）直接计算法：应纳税所得额=收入总额−不征税收入−免税收入−各项扣除−以前年度亏损

（2）间接计算法：应纳税所得额=利润总额+/−税法调整项目

（二）合作社减免所得税规定

1.免征企业所得税项目

从事蔬菜、谷物、薯类、油料、豆类、棉花、麻类、糖料、水果、坚果的种植；农作物新品种的选育；中药材的种植；林木的培育和种植；牲畜、家禽的饲养；林产品的采集；灌溉、农产品的初加工、兽医、农技推广、农机作业和维修等农、林、牧、渔服务业项目，可以免征企业所得税（《中华人民共和国企业所得税法实施条例》第八十六条）。

2.减半征收企业所得税项目

从事花卉、茶以及其他饮料作物和香料作物的种植；海水养殖、内陆养殖，减半征收企业所得税（《企业所得税法实施条例》第八十六条）。

此外：

（1）农民专业合作社取得的涉农财政性资金，暂不计入收入总额计算应纳税所得额。

（2）农民专业合作社取得的捐赠收入，暂不计入收入总额计算应纳税所得额。

（3）农民专业合作社对农村交通等公共设施建设的支出，列入农民专业合作社的固定资产，分期折旧，在税前予以扣除。

（4）经营采摘、观光农业的农民专业合作社，从事农、林、牧、渔业项目的所得，按《中华人民共和国企业所得税法》第二十七条规定减免企业所得税。

（三）所得税的核算

1.科目设置

（1）合作社期末按照企业所得税法规定计算确定的当期应交所得税税额，借记"所得税费用"科目，贷记"应交税费——应交企业所得税"科目。

（2）期末，合作社应将"所得税费用"科目余额转入"本年盈余"科目借方，结转后，"所得税费用"科目应无余额。

2.账务处理流程

所得税的账务处理见表7-28。

表7-28　　　　　　　　　　　所得税的账务处理

经济业务	会计分录
（1）计提所得税	借：所得税费用 　　贷：应交税费——应交企业所得税
（2）期末结转时	借：本年盈余 　　贷：所得税费用

政策点拨7-1

农民专业合作社税金及附加的税收优惠

续表

经济业务	会计分录
（3）次年实际缴纳所得税	借：应交税费——应交企业所得税 　贷：银行存款

3.实务案例解析

【工作实例7-16】所得税

某水产养殖合作社，企业所得税适用减半征收的政策，2024年应纳税所得额为150万元。减半后应纳税所得额为75万元（150×50%），应交所得税税额为18.75万元（75×25%）。相关账务处理见表7-29。

表7-29　　　　　　　　　　　　所得税的账务处理

经济业务	会计分录	
（1）计提所得税	借：所得税费用 　贷：应交税费——应交企业所得税	187 500 187 500
（2）期末结转时	借：本年盈余 　贷：所得税费用	187 500 187 500
（3）次年缴纳企业所得税时	借：应交税费——应交企业所得税 　贷：银行存款	187 500 187 500

二、年终结转的账务处理

年度终了，结转后"本年盈余"科目应无余额，"盈余分配"科目的"各项分配"明细科目应无余额。

年终结转的账务处理见表7-30。

表7-30　　　　　　　　　　　　年终结转的账务处理

经济业务	会计分录
（1）结转各项收入	借：经营收入 　贷：本年盈余
（2）结转各项费用	借：本年盈余 　贷：经营支出
（3）结转投资收益	如投资为净收益： 借：投资收益 　贷：本年盈余 如投资为净损失： 借：本年盈余 　贷：投资收益

经济业务	会计分录
(4) 计提并结转企业所得税	计提所得税时： 借：所得税费用 　　贷：应交税费——应交企业所得税 结转所得税时： 借：本年盈余 　　贷：所得税费用
(5) 将全年实现的净盈余转入盈余分配（结转后"本年盈余"科目无余额）	借：本年盈余 　　贷：盈余分配——未分配盈余 如为净亏损，做相反会计分录。 借：盈余分配——未分配盈余 　　贷：本年盈余
(6) 按规定提取盈余公积	借：盈余分配——各项分配 　　贷：盈余公积
(7) 按交易额（量）向成员返还盈余	借：盈余分配——各项分配 　　贷：应付盈余返还
(8) 以合作社成员账户中记载的出资额和公积金份额，以及本社接受国家财政直接补助和他人捐赠的财产量化到成员的份额，按比例分配剩余盈余	借：盈余分配——各项分配 　　贷：应付剩余盈余
(9) 结转未分配盈余	借：盈余分配——未分配盈余 　　贷：盈余分配——各项分配

项目实施

针对"项目导入"中的经济业务，相关处理程序如下：

第一步：股金的核算

(1) 新成员入股。

张某现金入股：

借：银行存款　　　　　　　　　　　　　　　　　　　100 000

　　贷：股金——张某　　　　　　　　　　　　　　　　80 000

　　　　资本公积——股金溢价　　　　　　　　　　　　20 000

李某以拖拉机入股：

借：固定资产——拖拉机　　　　　　　　　　　　　　60 000

　　贷：股金——李某　　　　　　　　　　　　　　　　50 000

　　　　资本公积——股金溢价　　　　　　　　　　　　10 000

（2）成员退股。

王某退股：

借：股金——王某　　　　　　　　　　　　　　　　　　　30 000

　　贷：银行存款　　　　　　　　　　　　　　　　　　　　　　30 000

第二步：资本公积的核算

厂房对外投资增值：

借：对外投资　　　　　　　　　　　　　　　　　　　　　220 000

　　累计折旧　　　　　　　　　　　　　　　　　　　　　　40 000

　　贷：固定资产——厂房　　　　　　　　　　　　　　　　　　200 000

　　　　资本公积——资产评估增值　　　　　　　　　　　　　　　60 000

第三步：专项基金的核算

（1）收到政府补贴。

借：银行存款　　　　　　　　　　　　　　　　　　　　　150 000

　　贷：专项应付款——政府补助　　　　　　　　　　　　　　　150 000

（2）购买灌溉设备并使用补贴。

借：固定资产——灌溉设备　　　　　　　　　　　　　　　150 000

　　贷：银行存款　　　　　　　　　　　　　　　　　　　　　150 000

同时：

借：专项应付款——政府补助　　　　　　　　　　　　　　150 000

　　贷：专项基金——财政补助　　　　　　　　　　　　　　　　150 000

（3）接受社会捐赠。

借：银行存款　　　　　　　　　　　　　　　　　　　　　　20 000

　　贷：专项基金——捐赠资金　　　　　　　　　　　　　　　　20 000

第四步：盈余公积的核算

借：盈余分配——各项分配　　　　　　　　　　　　　　　　50 000

　　贷：盈余公积　　　　　　　　　　　　　　　　　　　　　　50 000

第五步：所得税的核算

（1）计提深加工业务所得税。

借：所得税费用　　　　　　　　　　　　　　25 000（100 000×25%）

　　贷：应交税费——应交所得税　　　　　　　　　　　　　　　25 000

（2）期末结转所得税。

借：本年盈余　　　　　　　　　　　　　　　　　　　　　　25 000

　　贷：所得税费用　　　　　　　　　　　　　　　　　　　　　25 000

（3）实际缴纳所得税。

借：应交税费——应交所得税　　　　　　　　　　　　　　　25 000

　　贷：银行存款　　　　　　　　　　　　　　　　　　　　　　25 000

第六步：本年盈余与盈余分配

（1）结转本年盈余。

```
借：经营收入                                    1 500 000
    其他收入                                      200 000
    贷：本年盈余                                              1 700 000
借：本年盈余                                    1 200 000
    贷：经营支出                                                900 000
        管理费用                                              200 000
        其他支出                                              100 000
```

（2）盈余分配。

按交易量返还成员张某：

```
借：盈余分配——各项分配          72 000（300 000×60%×40%）
    贷：应付盈余返还——张某                                     72 000
```

按股金分配剩余盈余：

```
借：盈余分配——各项分配          48 000（240 000×20%）
    贷：应付剩余盈余                                            48 000
```

第七步：年终结转的账务处理

（1）结转本年盈余至盈余分配。

```
借：本年盈余                                      500 000
    贷：盈余分配——未分配盈余                                  500 000
```

（2）结转分配明细。

```
借：盈余分配——未分配盈余                        278 000
    贷：盈余分配——各项分配                                    278 000
```

德技并修

案例引入：绿源果蔬合作社2024年实现净利润80万元。理事长王强在制订分配方案时面临以下两种选择：

方案一：将60%盈余按交易量返还成员，剩余部分用于扩大经营；

方案二：为吸引新成员，将40%盈余转为资本公积，其余按股金比例分配。

最终，合作社依据章程规定选择方案一，并主动公示分配明细，赢得成员信任。

德育要素：透明公开 长期主义

职业点拨：盈余分配是合作社经营的核心环节，直接体现"劳动联合、利益共享"的合作原则。会计人员须严格遵循《中华人民共和国农民专业合作社法》中"按交易量分配为主"的要求，确保分配方案合法合规。在实务中，须警惕以下风险：

第一，虚假盈余，通过虚增收入或虚减成本操纵利润，损害成员利益。

第二，分配失衡，过度倾向资本分红，违背"资本报酬有限"原则。

第三，税务违规，未正确区分免税收入与应税收入，导致偷漏税款。

职业会计人员应坚守准则，让每一分盈余的分配都成为合作社可持续发展的"黏合剂"。

项目测试7-1

在线答题

项目测试

一、单选题

1.合作社用资本公积转增股金时，会计分录为（　　）。

A.借：资本公积
　　贷：股金

B.借：股金
　　贷：资本公积

C.借：盈余公积
　　贷：股金

D.借：股金
　　贷：盈余公积

2.根据《中华人民共和国农民专业合作社法》，盈余返还给成员的比例不得低于可分配盈余的（　　）。

A.40%

B.50%

C.60%

D.70%

3.合作社收到财政专项补助资金用于购买农机，应贷记的科目是（　　）。

A."专项应付款"

B."经营收入"

C."资本公积"

D."其他收入"

4.某合作社将盈余公积30 000元转增股金，正确的分录是（　　）。

A.借：盈余公积　　　　　　　　　　　　　　　　　　　30 000
　　贷：股金　　　　　　　　　　　　　　　　　　　　　　　30 000

B.借：股金　　　　　　　　　　　　　　　　　　　　　30 000
　　贷：盈余公积　　　　　　　　　　　　　　　　　　　　　30 000

C.借：盈余分配　　　　　　　　　　　　　　　　　　　30 000
　　贷：股金　　　　　　　　　　　　　　　　　　　　　　　30 000

D.借：资本公积　　　　　　　　　　　　　　　　　　　30 000
　　贷：股金　　　　　　　　　　　　　　　　　　　　　　　30 000

5.（　　）收入可免征企业所得税。

A.花卉种植　　　　B.水果初加工　　　　C.海水养殖　　　　D.茶叶种植

二、多选题

1.盈余分配的基本原则包括（　　）。

A.按交易量分配为主

B.资本分红比例不超过40%

C.优先弥补亏损

D.全部用于成员分红

2.下列各项中，属于"专项基金"核算内容的有（　　）。

A.财政直接补助资金

B.成员入股现金

C.社会捐赠资产

D.经营收入

3.合作社提取盈余公积的用途包括（　　）。

A.弥补亏损

B.扩大生产经营

C.转为成员出资

D.直接分配成员

4.下列各项中，可免征企业所得税的有（　　）。

A.牲畜饲养
B.水果种植
C.茶叶初加工
D.农机维修服务

5.年终结账时，须结转至"本年盈余"的科目有（　　）。

A."经营收入"
B."经营支出"
C."管理费用"
D."资本公积"

三、判断题

1.合作社盈余分配时，资本分红比例可超过盈余的60%。（　　）

2.成员退股时，若账户存在盈余公积，须将其转回"盈余公积"科目。（　　）

3.合作社使用财政补助资金购买农机，须通过"专项基金"核算。（　　）

4.合作社的捐赠收入须全额计入应纳税所得额。（　　）

5.年终结转后，"盈余分配——各项分配"科目应无余额。（　　）

四、业务题

丰收合作社2024年实现净利润1 200 000元，经成员大会决议，按以下方案分配：

（1）弥补上年亏损200 000元；

（2）提取10%盈余公积；

（3）剩余部分的60%按交易量返还成员，30%按股金比例分配，10%留存。

要求：

（1）编制弥补亏损、提取盈余公积的会计分录；

（2）计算应付盈余返还与应付剩余盈余金额；

（3）编制分配盈余的会计分录。

🎯 项目评价

本项目评价见表7-31。

表7-31　　　　　　　　　　　　　　项目评价表

项目名称		盈余及盈余分配的会计核算		
	评价要点	评分标准	学生自评（50%）	教师评价（50%）
知识掌握（30分）	理解盈余定义与分配原则（10分）	·优秀（8~10分）：准确阐述盈余计算及分配顺序。 ·良好（5~7分）：基本理解但存在细节混淆。 ·待改进（0~4分）：概念模糊或分类错误		
	掌握专项基金与盈余公积的核算（10分）			
	熟悉所得税减免政策及核算（10分）			

续表

评价要点		评分标准	学生自评（50%）	教师评价（50%）
技能提升（40分）	能够正确编制会计分录（10分）	·优秀（8~10分）：分录无错误，计算准确，分析全面。 ·良好（5~7分）：分录有1~2处错误，计算逻辑正确且结果偏差不超过5%。 ·待改进（0~4分）：分录错误多于或等于3处，计算逻辑混乱		
	能够完成年终结转的处理（10分）			
	能够正确计算企业所得税（10分）			
	能够进行风险防控与合规操作（10分）			
素质养成（30分）	具有依法纳税与合规分配意识（10分）	·优秀（8~10分）：案例分析决策合理，主动提出合规建议。 ·良好（5~7分）：能完成基础分析但缺乏创新。 ·待改进（0~4分）：决策违背职业伦理或缺乏团队贡献		
	具有风险防控能力及社会责任感（10分）			
	具有团队协作与沟通能力（10分）			
综合评价成绩（100分）				

学生自评：

学生签字：

教师评语：

教师签字：

财务报表的编制

学习目标

知识目标

1. 理解财务报表的基本概念、分类及其在合作社财务会计中的核心作用。

2. 掌握资产负债表、盈余及盈余分配表、成员权益变动表的结构与编制逻辑。

3. 明确财务报表附注的功能及其对表内项目的补充说明作用。

技能目标

1. 能够编制合作社的资产负债表，准确填列资产、负债及所有者权益项目。

2. 能够编制合作社的盈余及盈余分配表，计算经营收益、盈余总额及可分配盈余。

3. 能够编制合作社的成员权益变动表，解释股金、专项基金、资本公积等项目增减变动的原因。

4. 能够编写合作社的财务报表附注，对报表内项目和重大事项进行补充说明。

素养目标

1. 培养严谨细致的职业态度，确保财务报表及附注编制的准确和完整。

2. 增强合规意识，依法合规编制财务报表及附注。

3. 领悟精益求精的精神，坚持对财务法规政策的钻研学习。

【知识导图】

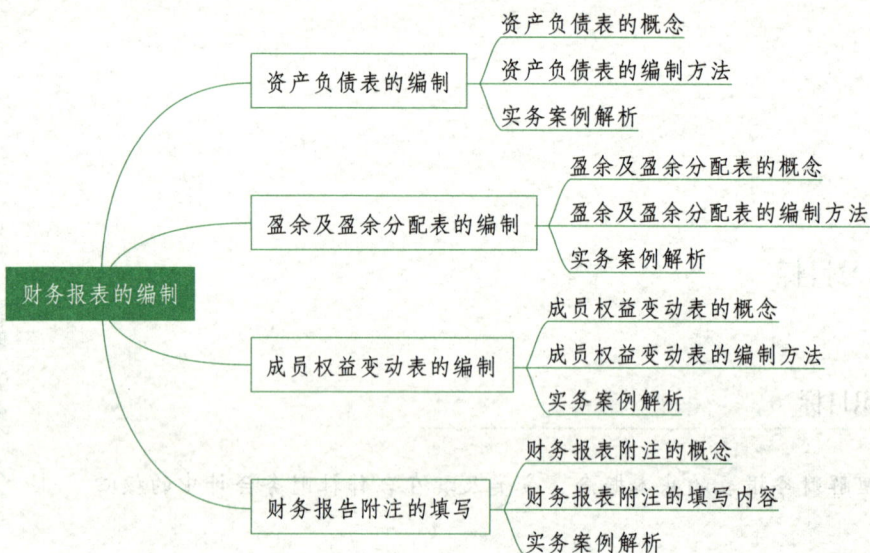

【项目导入】

丰收合作社是主营果蔬种植的农民专业合作社，2025年4月发生以下经济业务：

（1）收到30户成员银行转账出资10万元。

（2）收到政府专项补助20万元。

（3）村民大会通过一事一议筹资8万元，尚未收款。

（4）取得农商行1年期贷款20万元。

思考：

上述业务在资产负债表中的列示项目及金额是什么？

任务一 资产负债表的编制

知识精讲8-1

资产负债表的
编制

一、资产负债表的概念

资产负债表，是反映合作社在某一特定日期财务状况的报表。合作社应当编制月度、年度资产负债表，也可以根据需要编制季度、半年度资产负债表。

二、资产负债表的编制方法

（一）资产项目的编制方法

在编制资产项目的过程中，会计人员应根据本年度的规定要求，对合作社上一年度末的项目名称及数值进行必要的调整，并将调整后的数据准确填入资产负债表"年初余额"栏目内，同时须提供相应的书面说明。合作社资产项目的编制方法见

表8-1。

表8-1　　　　合作社资产项目的编制方法

报表项目	行次	编制方法
流动资产		
货币资金	1	根据"库存现金""银行存款""其他货币资金"的期末余额合计填列
应收款项	2	根据"应收款"科目期末余额和"成员往来"各明细科目期末借方余额合计填列
存货	3	根据"产品物资""委托加工物资""委托代销商品""受托代购商品""受托代销商品""生产成本"等科目的期末余额合计填列
消耗性生物资产	4	根据"消耗性生物资产"科目的期末余额填列
流动资产合计	5	根据"货币资金""应收款项""存货""消耗性生物资产"项目金额的合计数填列
非流动资产		
对外投资	6	根据"对外投资"科目的期末余额填列
生产性生物资产原值	7	根据"生产性生物资产"科目的期末余额填列
生产性生物资产累计折旧	8	根据"生产性生物资产累计折旧"科目的期末余额填列
生产性生物资产净值	9	根据"生产性生物资产"科目和"生产性生物资产累计折旧"科目的期末余额分析填列
固定资产原值	10	根据"固定资产"科目的期末余额填列
累计折旧	11	根据"累计折旧"科目的期末余额填列
固定资产净值	12	根据"固定资产"科目和"累计折旧"科目的期末余额分析填列
在建工程	13	根据"在建工程"科目的期末余额填列
固定资产清理	14	根据"固定资产清理"科目的期末借方余额填列；如为贷方余额，本项目数字以"-"填列
固定资产小计	15	根据"固定资产净值""在建工程""固定资产清理"项目金额的合计数填列
无形资产原值	16	根据"无形资产"科目的期末余额填列
累计摊销	17	根据"累计摊销"科目的期末余额填列
无形资产净值	18	根据"无形资产"科目和"累计摊销"科目的期末余额分析填列
公益性生物资产	19	根据"公益性生物资产"科目的期末余额填列
长期待摊费用	20	根据"长期待摊费用"科目的期末余额填列
非流动资产合计	21	根据"对外投资""生产性生物资产净值""固定资产小计""无形资产净值""公益性生物资产""长期待摊费用"项目金额的合计数填列
资产总计	22	根据"流动资产合计"和"非流动资产合计"项目金额的合计数填列

（二）负债项目的编制方法

在编制负债项目时，会计人员必须依照本年度的规定，对合作社上一年度末的项目名称及数值进行相应调整，并将调整后的数据填入资产负债表"年初余额"栏目，同时附以书面说明。合作社负债项目的编制方法见表8-2。

表8-2 合作社负债项目的编制方法

报表项目	行次	编制方法
流动负债		
短期借款	23	根据"短期借款"科目的期末余额填列
应付款	24	根据"应付账款"科目期末余额和"成员往来"各明细科目期末贷方余额合计填列
应付工资	25	根据"应付工资"科目的期末余额填列
应付劳务费	26	根据"应付劳务费"科目的期末余额填列
应交税费	27	根据"应交税费"科目的期末贷方余额填列；若为借方余额，本项目数字以"-"填列
应付利息	28	根据"应付利息"科目的期末余额填列
应付盈余返还	29	根据"应付盈余返还"科目的期末余额填列
应付剩余盈余	30	根据"应付剩余盈余"科目的期末余额填列
流动负债合计	31	根据"短期借款""应付款""应付工资""应付劳务费""应交税费""应付利息""应付盈余返还""应付剩余盈余"项目金额的合计数填列
非流动负债		
长期借款	32	根据"长期借款"科目的期末余额填列
专项应付款	33	根据"专项应付款"科目的期末余额填列
非流动负债合计	34	根据"长期借款"和"专项应付款"项目金额的合计数填列
负债合计	35	根据"流动负债合计""非流动负债合计"项目金额的合计数填列

（三）所有者权益项目的编制方法

在编制所有者权益项目时，会计人员应依据本年度的规定，对合作社上年末项目的名称和数值进行调整，并将其填入资产负债表的"年初余额"栏内，同时附以书面说明。合作社所有者权益项目的编制方法见表8-3。

表8-3 合作社所有者权益项目的编制方法

报表项目	行次	编制方法
所有者权益		
股金	36	根据"股金"科目的期末余额填列
专项基金	37	根据"专项基金"科目的期末余额填列
资本公积	38	根据"资本公积"科目的期末余额填列
盈余公积	39	根据"盈余公积"科目的期末余额填列
未分配盈余	40	根据"本年盈余"科目和"盈余分配"科目的期末余额计算填列；若为未弥补的亏损，本项目数字以"-"填列
所有者权益合计	41	根据"股金""专项基金""资本公积""盈余公积""未分配盈余"项目金额的合计数填列
负债和所有者权益总计	42	根据"负债合计"和"所有者权益合计"项目金额的合计数填列

三、实务案例解析

【工作实例8-1】资产负债表

根据某合作社2024年12月31日的会计科目余额表编制资产负债表，会计科目余额表见表8-4。

表8-4 会计科目余额表

编制单位：某合作社 2024年12月31日 单位：元

科目名称	期初余额		本期发生额		期末余额	
	借方	贷方	借方	贷方	借方	贷方
库存现金	0	0	0	0	0	0
银行存款	457 320	0	2 146 983.86	2560 984.20	43 319.66	0
应收款	0	0	0	0	0	0
成员往来	0	0	321 276	321 276	0	0
产品物资	241 878	0	3 179 148.18	2 782 556.57	638 469.61	0
其中：1.蛋鸭饲料	241 740	0	1 326 714.25	1 151 775.00	416 679.25	0
2.雏鸭饲料	0	0	732 165.40	594 567.00	137 598.40	0
3.鸭蛋	0	0	1 057 129.33	1 027 075.37	30 053.96	0
4.兽药	138.00	0	54 000	0	54 138.00	0
5.雏鸭料成本差异	0	0	0	0	0	0

续表

科目名称	期初余额		本期发生额		期末余额	
	借方	贷方	借方	贷方	借方	贷方
6.蛋鸭料成本差异	0	0	9 139.20	9 139.20	0	0
委托加工物资	0	0	0	0	0	0
委托代销商品	0	0	15 139.20	15 139.20	0	0
受托代购商品	0	0	0	0	0	0
受托代销商品	0	0	0	0	0	0
对外投资	0	0	0	0	0	0
消耗性生物资产	0	0	0	0	0	0
生产性生物资产	469 800	0	1 933 303.36	1 453 990.10	949 113.26	0
其中：1.期初存栏蛋鸭	469 800	0	0	469 800	0	0
2.本期购入未成熟蛋鸭	0	0	966 651.68	966 651.68	0	0
3.成熟蛋鸭	0	0	966 651.68	17 538.42	949 113.26	0
生产性生物资产折旧	0	409 117.50	411 900.13	76 526.59	0	73 743.96
其中：1.期初存栏蛋鸭折旧	0	409 117.50	409 117.50	0	0	0
2.成熟蛋鸭折旧	0	0	2 782.63	76 526.59	0	73 743.96
公益性生物资产	600 000	0	0	0	600 000	0
固定资产	526 320	0	48 000	0	574 320	0
累计折旧	0	56 149.37	0	6 605.81	0	62 755.18
在建工程	0	0	0	0	0	0
固定资产清理	0	0	0	0	0	0
无形资产	0	0	0	0	0	0
累计摊销	0	0	0	0	0	0
长期待摊费用	155 088	0	0	0	155 088	0
待处理财产损溢	0	0	0	0	0	0
短期借款	0	0	0	0	0	0

科目名称	期初余额		本期发生额		期末余额	
	借方	贷方	借方	贷方	借方	贷方
应付款	0	600 003	1 924 800	1 882 797	0	558 000
应付劳务费	0	0	0	0	0	0
应交税费	0	0	0	21 523.44	0	21 523.44
应付利息	0	0	0	0	0	0
应付工资	0	51 480	51 480	102 960	0	102 960
应付盈余返还	0	0	0	302 189.08	0	302 189.08
应付剩余盈余	0	0	0	201 459.39	0	201 459.39
长期借款	0	0	0	0	0	0
专项应付款	0	0	0	0	0	0
股金	0	1 362 600	0	0	0	1 362 600
专项基金	0	0	0	48 000	0	48 000
资本公积	0	0	0	0	0	0
盈余公积	0	0	28 943.87	335 765.65	0	306 821.78
本年盈余	0	−28 943.87	2 106 528.85	2 135 472.72	0	0
盈余分配	0	0	839 414.12	839 414.12	0	0
生产成本	0	0	1 136 871.63	1 057 129.33	79 742.30	0
其中：待摊鸭蛋成本	0	0	1 136 871.63	1 057 129.33	79 742.30	0
经营支出	0	0	1 176 181.63	1 176 181.63	0	0
税金及附加	0	0	0	0	0	0
管理费用	0	0	54 653.87	54 653.87	0	0
其他支出	0	0	14 755.79	14 755.79	0	0
所得税费用	0	0	21 523.44	21 523.44	0	0
经营收入	0	0	2 055 204.25	2 055 204.25	0	0
其他收入	0	0	51 324.60	51 324.60	0	0
投资收益	0	0	0	0	0	0
合计	2 450 406.00	2 450 406.00	17 517 432.78	17 517 432.78	3 040 052.83	3 040 052.83

第一步，根据资产负债表的编制方法和表 8-4，计算出资产负债表各项金额如下：

（1）"货币资金"期末余额：0+43 319.66+0=43 319.66（元）

（2）"存货"期末余额：638 469.61+0+0+0+0+79 742.30=718 211.91（元）

【特别提示8-1】

"存货"期末余额中的 638 469.61 是"产品物资"期末余额。"产品物资"期末余额为"蛋鸭饲料""雏鸭饲料""鸭蛋""兽药""雏鸭料成本差异""蛋鸭料成本差异"等明细科目余额合计。

（3）"流动资产合计"期末余额：43 319.66+0+718 211.91+0=761 531.57（元）

（4）"生产性生物资产"期末余额：949 113.26 元

（5）"生产性生物资产累计折旧"期末余额：73 743.96 元

（6）"生产性生物资产净值"期末余额：949 113.26−73 743.96=875 369.30（元）

（7）"固定资产原值"期末余额：574 320 元

（8）"累计折旧"期末余额：62 755.18 元

（9）"固定资产净值"期末余额：574 320−62 755.18=511 564.82（元）

（10）"固定资产小计"期末余额：511 564.82+0+0=511 564.82（元）

（11）"公益性生物资产"期末余额：600 000 元

（12）"长期待摊费用"期末余额：155 088 元

（13）"非流动资产合计"期末余额：0+875 369.30+511 564.82+0+600 000+155 088
=2 142 022.12（元）

（14）"资产总计"期末余额：761 531.57+2 142 022.12=2 903 553.69（元）

（15）"应付款"期末余额：558 000+0=558 000（元）

（16）"应付工资"期末余额：102 960 元

（17）"应交税费"期末余额：21 523.44 元

（18）"应付盈余返还"期末余额：302 189.08 元

（19）"应付剩余盈余"期末余额：201 459.39 元

（20）"流动负债合计"期末余额：0+558 000+102 960+0+21 523.44+0+302 189.08+201 459.39
=1 186 131.91（元）

（21）"负债合计"期末余额：1 186 131.91+0=1 186 131.91（元）

（22）"股金"期末余额：1 362 600 元

（23）"专项基金"期末余额：48 000 元

（24）"盈余公积"期末余额：306 821.78 元

（25）"未分配盈余"期末余额：0

（26）"所有者权益合计"期末余额：1 362 600+48 000+0+306 821.78+0=1 717 421.78（元）

（27）"负债和所有者权益总计"期末余额：1 186 131.91+1 717 421.78=2 903 553.69（元）

第二步，填制资产负债表，见表 8-5。

表8-5　　　　　　　　　　　　　　　资产负债表　　　　　　　　　　　　会农社01表
编制单位：某合作社　　　　　　　　　　2024 年 12 月 31 日　　　　　　　　　　单位：元

资产	行次	期末余额	年初余额	负债和所有者权益	行次	期末余额	年初余额
流动资产	—	—	—	流动负债	—	—	—
货币资金	1	43 319.66	457 320	短期借款	23	0	0
应收款	2	0	0	应付款	24	558 000	600 003
存货	3	718 211.91	241 878.00	应付工资	25	102 960	51 480
消耗性生物资产	4	0	0	应付劳务费	26	0	0
流动资产合计	5	761 531.57	699 198.00	应交税费	27	21 523.44	
非流动资产	—	—	—	应付利息	28	0	0
对外投资	6	0	0	应付盈余返还	29	302 189.08	0
生产性生物资产原值	7	949 113.26	469 800	应付剩余盈余	30	201 459.39	0
减：生产性生物资产累计折旧	8	73 743.96	409 117.50	流动负债合计	31	1 186 131.91	651 483
生产性生物资产净值	9	875 369.30	60 682.50	非流动负债	—	—	—
固定资产原值	10	574 320	526 320	长期借款	32	0	0
减：累计折旧	11	62 755.18	56 149.37	专项应付款	33	0	0
固定资产净值	12	511 564.82	470 170.63	非流动负债合计	34	0	0
在建工程	13	0	0	负债合计	35	1 186 131.91	651 483
固定资产清理	14	0	0	所有者权益	—	—	—
固定资产小计	15	511 564.82	470 170.63	股金	36	1 362 600	1 362 600
无形资产原值	16	0	0	专项基金	37	48 000	0
减：累计摊销	17	0	0	资本公积	38	0	0
无形资产净值	18	0	0	盈余公积	39	306 821.78	0
公益性生物资产	19	600 000	600 000	未分配盈余	40	0	-28 943.87
长期待摊费用	20	155 088.00	155 088.00	所有者权益合计	41	1 717 421.78	1 333 656.13
非流动资产合计	21	2 142 022.12	1 285 941.13	负债和所有者权益总计	42	2 903 553.69	1 985 139.13
资产总计	22	2 903 553.69	1 985 139.13				

任务二 盈余及盈余分配表的编制

一、盈余及盈余分配表的概念

盈余及盈余分配表，是反映合作社一定会计期间内盈余实现及其分配的实际情况的报表。合作社至少应编制年度盈余及盈余分配表。

二、盈余及盈余分配表的编制方法

盈余及盈余分配表各项目按收入、费用类账户的本期发生额填列；或者按收入、费用类账户的本期发生额编制收支明细表，然后以此编制盈余及盈余分配表。

编制盈余及盈余分配表时，"经营收入""投资收益""经营支出""管理费用""其他收入""其他支出"等项目，根据总账中各账户的本期或者本年累计发生额填列；"提取盈余公积""应付盈余返还""应付剩余盈余"等项目，根据合作社章程或成员（代表）大会决议，按照实际提取或返还的金额填列。各项目本月数和累计数必须按实际金额填列。合作社盈余及盈余分配表的编制方法见表8-6。

表8-6　　　　　　　　合作社盈余及盈余分配表的编制方法

报表项目	行次	编制方法
经营收入	1	根据"经营收入"科目的发生额分析填列
投资收益	2	根据"投资收益"科目的发生额分析填列。如为投资损失，本项目数字以"-"填列
经营支出	3	根据"经营支出"科目的发生额分析填列
税金及附加	4	根据"税金及附加"科目的发生额分析填列
管理费用	5	根据"管理费用"科目的发生额分析填列
财务费用	6	根据"财务费用"科目的发生额分析填列
经营收益	7	根据"经营收入""投资收益"项目金额之和减去"经营支出""税金及附加""管理费用""财务费用"项目金额后的余额填列。如为经营亏损，本项目数字以"-"填列
其他收入	8	根据"其他收入"科目的发生额分析填列
其他支出	9	根据"其他支出"科目的发生额分析填列
盈余总额	10	根据"经营收益""其他收入"项目金额之和减去"其他支出"项目金额后的余额填列。如为亏损总额，本项目数字以"-"填列
所得税费用	11	根据"所得税费用"科目的发生额分析填列

续表

报表项目	行次	编制方法
本年盈余	12	根据"盈余总额"项目金额减去"所得税费用"项目金额后的余额填列。如为净亏损，本项目数字以"-"填列
年初未分配盈余	13	根据上年度盈余及盈余分配表中"年末未分配盈余"项目的金额填列
其他转入	14	根据实际转入的公积金数额填列
提取盈余公积	15	根据实际提取的盈余公积数额填列
可分配盈余	16	根据"本年盈余""年初未分配盈余""其他转入"项目金额之和减去"提取盈余公积"项目金额后的余额填列
盈余返还	17	根据"盈余分配"科目和"应付盈余返还"科目的相关发生额分析填列
剩余盈余分配	18	根据"盈余分配"科目和"应付剩余盈余"科目的相关发生额分析填列
转为成员出资	19	根据实际转为成员出资的可分配盈余数额分析填列
年末未分配盈余	20	根据"可分配盈余"项目金额减去"盈余返还""剩余盈余分配""转为成员出资"项目金额后的余额填列。如为未弥补的亏损，本项目数字以"-"填列

三、实务案例解析

【工作实例8-2】盈余及盈余分配表

根据某合作社2024年损益类会计科目的期末余额表编制盈余及盈余分配表，合作社损益类科目期末余额表见表8-7。

表8-7　　　　　　　　某合作社损益类科目期末余额表

2024年12月31日　　　　　　　　　　单位：元

科目名称	科目余额	
	借方	贷方
经营收入	0	2 055 204.25
其他收入	0	51 324.60
投资收益	0	0
经营支出	1 176 181.63	0
税金及附加	0	0
管理费用	54 653.87	0
财务费用	0	0
其他支出	14 755.79	0
所得税费用	21 523.44	0

第一步，根据表8-5和表8-7，计算盈余及盈余分配表各项目金额：

（1）经营收益：2 055 204.25+0-1 176 181.63-0-54 653.87-0=824 368.75（元）

（2）盈余总额：824 368.75+51 324.60-14 755.79=860 937.56（元）

（3）本年盈余：860 937.56-21 523.44=839 414.12（元）

（4）可分配盈余：839 414.12+（-28 943.87）+28 943.87-335 765.65=503 648.47（元）

（5）年末未分配盈余：503 648.47-302 189.08-201 459.39-0=0

第二步，编制盈余及盈余分配表，见表8-8。

表8-8 　　　　　　　　　　　　**盈余及盈余分配表**　　　　　　　　　　会农社02表

编制单位：某合作社　　　　　　　　　　2024年　　　　　　　　　　单位：元

项目	行次	本年金额	上年金额
一、经营收入	1	2 055 204.25	3 241 328.15
加：投资收益	2	0	0
减：经营支出	3	1 176 181.63	2 775 542.21
税金及附加	4	0	0
管理费用	5	54 653.87	452 110.37
财务费用	6	0	0
二、经营收益	7	824 368.75	13 675.57
加：其他收入	8	51 324.60	6 756.00
减：其他支出	9	14 755.79	49 375.44
三、盈余总额	10	860 937.56	-28 943.87
减：所得税费用	11	21 523.44	0
四、本年盈余	12	839 414.12	-28 943.87
加：年初未分配盈余	13	-28 943.87	0
其他转入	14	28 943.87	0
减：提取盈余公积	15	335 765.65	0
五、可分配盈余	16	503 648.47	-28 943.87
减：盈余返还	17	302 189.08	0
剩余盈余分配	18	201 459.39	0
转为成员出资	19	0	0
六、年末未分配盈余	20	0	-28 943.87

任务三　成员权益变动表的编制

一、成员权益变动表的概念

成员权益变动表是指反映合作社成员权益增减变动和在某一特定日期权益情况的报表。合作社至少应编制年度成员权益变动表。

二、成员权益变动表的编制方法

成员权益变动表显示了年度内权益的变动和年末财务状况。"年初余额"应基于前一年度的"年末余额"填写。"本年增加数"和"减少数"应详细分析"股金""专项基金""资本公积""盈余公积""盈余分配"等会计科目后填写。合作社成员权益变动表的编制方法见表8-9。

表8-9　　　　　　　　　合作社成员权益变动表的编制方法

报表项目	行次	编制方法
股金	1、6	根据"股金"科目的期初余额和期末余额填列
资本公积转增	2	根据合作社当年用资金公积转增股金金额填列
盈余公积转增	3	根据合作社当年用盈余公积转增股金金额填列
成员增加出资	4	根据合作社成员当年增加的出资股金金额填列
成员减少出资	5	根据合作社成员当年减少的出资股金金额填列
专项基金	7、10	根据"专项基金"科目的期初余额和期末余额填列
接受国家财政直接补助形成	8	根据"资本公积"科目中"接受国家财政直接补助形成"的明细科目的期末余额填列
接受他人捐赠形成	9	根据"资本公积"科目中"接受他人捐赠形成"的明细科目的期末余额填列
资本公积	11、16	根据"资本公积"科目的期初余额和期末余额填列
股金溢价	12	根据"资本公积"科目的"股金溢价"明细科目期末余额填列
资产评估增值	13	根据"资本公积"科目的"资产评估增值"明细科目期末余额填列
转为成员出资	14	根据实际转为成员出资的可分配盈余数额分析填列
弥补亏损	15	根据实际弥补亏损的可分配盈余数额分析填列
盈余公积	17、20	根据"盈余公积"科目的期初余额和期末余额计算填列
从盈余中提取	18	根据"本年盈余"科目和"盈余分配"科目的期末余额计算填列；如为未弥补的亏损，本项目数字以"-"填列

续表

报表项目	行次	编制方法
转为成员出资	19	根据实际转为成员出资的可分配盈余数额分析填列
未分配盈余	21、28	根据本年收入和支出相抵后结出的本年实现的净盈余的期初余额和期末余额计算填列
本年盈余	22	根据本年"盈余总额"项目金额减去"所得税费用"项目金额后的余额填列。如为净亏损，本项目数字以"−"填列
其他转入	23	根据实际转入的公积金数额填列
提取盈余公积	24	根据实际提取的盈余公积数额填列
盈余返还	25	根据"盈余分配"科目和"应付盈余返还"科目的相关发生额分析填列
剩余盈余分配	26	根据"盈余分配"科目和"应付剩余盈余"科目的相关发生额分析填列
转为成员出资	27	根据实际转为成员出资的可分配盈余数额分析填列

三、实务案例解析

【工作实例8-3】成员权益变动表

根据表8-4会计科目余额表，编制某合作社2024年发生的成员权益变动表。

第一步，根据表8-4计算成员权益变动表各项目金额：

（1）股金年末余额：1 362 600+0−0=1 362 600（元）

（2）专项基金年末余额：0+48 000=48 000（元）

（3）资本公积年末余额：0+0−0=0

（4）盈余公积年末余额：0+335 765.65−28 943.87=306 821.78（元）

（5）未分配盈余年末余额：−28 943.87＋（839 414.12+28 943.87）−（335 765.65+302 189.08+201 459.39+0）=0

【特别提示8-2】

（1）股金年末余额＝年初余额＋本年增加数（资金公积转增＋盈余公积转增＋成员增加出资）−本年减少数（成员减少出资）

（2）专项基金年末余额=年初余额+本年增加数（接受国家财政直接补助形成+接受他人捐赠形成）

（3）资本公积年末余额＝年初余额＋本年增加数（股金溢价＋资产评估增值）−本年减少数（转为成员出资＋弥补亏损）

（4）盈余公积年末余额＝年初余额＋本年增加数（从盈余中提取）−本年减少数（转为成员出资、弥补亏损）

（5）未分配盈余年末余额＝年初余额＋本年增加数（本年盈余＋其他转入）−本年减少数（提取盈余公积＋盈余返还＋剩余盈余分配＋转为成员出资）

第二步，编制成员权益变动表，见表8-10。

表8-10

编制单位：某合作社

某合作社成员权益变动表

2024年

会农社03表

单位：元

项目	股金	专项基金	资本公积	盈余公积	未分配盈余	合计
年初余额	1 362 600	0	0	0	-28 943.87	1 333 656.13
本年增加数	0	48 000	0	335 765.65	868 357.99	1 252 123.64
其中：	成员增加出资　—	接受国家财政直接补助形成　—	股金溢价　—	资本公积转增　335 765.65	本年盈余　839 414.12	1 175 179.77
其中：	—	接受他人捐赠形成　48 000	资产评估增值　—	盈余公积转增　—	其他转入　28 943.87	76 943.87
本年减少数	—	—	—	28 943.87	839 414.12	868 357.99
其中：	成员减少出资　—			转为成员出资　—	提取盈余公积　335 765.65	335 765.65
				弥补亏损　28 943.87	盈余返还　302 189.08	331 132.95
					剩余盈余分配　201 459.39	201 459.39
					转为成员出资　—	—
年末余额	1 362 600	48 000	0	306 821.78	0	1 717 421.78

任务四 财务报表附注的填写

一、财务报表附注的概念

财务报表附注是对财务报表内容的补充说明，用于解释表中列示项目的详细信息，并对未在主表中披露的事项进行补充。

二、财务报表附注的填写内容

合作社应当在财务报表附注中按照下列顺序至少披露以下内容：

（1）遵循农民专业合作社会计制度的声明。合作社应当声明编制的财务报表符合《农民专业合作社会计制度》的要求，真实、完整地反映了合作社的财务状况、经营成果等有关信息。

（2）合作社的基本情况，包括：合作社的股金总额、成员总数、农民成员数及所占的比例、主要服务对象、主要经营项目等情况。

（3）成员权益结构，包括：理事长、理事、执行监事、监事会名单及变动情况；各成员的出资额，量化到各成员的公积金份额，以及成员入社和退社情况；企业、事业合作社或者社会组织成员个数及所占的比例；成员权益变动情况。

（4）会计报表重要项目的进一步说明，包括其主要构成、增减变动情况等。

（5）已发生损失但尚未批准核销的相关资产名称、金额等情况及说明，包括：确实无法收回的应收款项；无法收回的对外投资；毁损和报废的固定资产；毁损和报废的在建工程；注销和无效的无形资产；已发生损失但尚未批准核销的其他资产。

（6）以名义金额计量的资产名称、数量等情况，以及以名义金额计量理由的说明。

（7）其他重要事项，包括：变更主要生产经营项目；从事的进出口贸易；重大财产处理、大额举债、对外投资和担保；接受捐赠；国家财政支持和税收优惠；与成员的交易量（额）和与利用其提供的服务的非成员的交易量（额）；提取盈余公积的比例；盈余分配方案、亏损处理方案；未决诉讼、仲裁等。

（8）对已在资产负债表、盈余及盈余分配表中列示项目与企业所得税法规定存在差异的纳税调整过程。

（9）根据国家有关法律法规等规定，需要在附注中说明的其他事项。

三、实务案例解析

【工作实例8-4】财务报表附注

根据表8-4会计科目余额等相关信息，编写某合作社2024年度财务报表附注。

某合作社2024年度财务报表附注

1.报表按照《农民专业合作社会计制度》编制，采用权责发生制，客观、真实、完整地反映了合作社的财务状况、经营成果。固定资产折旧采用年限平均法，房屋建筑物按20年折旧，生产设备按5~10年折旧。存货计价采用加权平均法，包括饲料、鸭蛋等产品物资。消耗性生物资产按成本计量，生产性生物资产按期计提折旧。

2.合作社的基本情况：合作社股金136万元。成员30人，农民成员27人，占成员总数的90%。主要经营蛋鸭养殖及相关产品销售业务。

3.成员权益结构：理事长为张某某，理事为赵某某、王某某等，执行监事为杨某某，其他监事会成员分别为李某某、胡某某等，本年未发生变动；成员出资额（略）；企业成员1个，占股本比例51%；本年成员权益增加122.32万元。其中，专项基金增加4.8万元，盈余公积增加130.68万元，未分配盈余增加了2.89万元。

4.报表项目变动情况（简要描述如下）：

（1）资产项目变动分析。

货币资金：期末余额43 319.65元，较年初457 320元减少414 000.35元。

主要变动原因是本年度支付了大额饲料采购款及设备购置款。

存货：期末余额718 211.91元，较年初241 878元增加476 333.91元；其中，蛋鸭饲料新增416 679.25元，雏鸭饲料新增137 598.40元，鸭蛋新增30 053.96元；主要变动原因是为扩大生产规模增加了饲料储备。

生产性生物资产：原值期末余额949 113.26元，较年初469 800元增加479 313.26元，累计折旧73 743.96元，较年初40 917.50元增加32 826.46元。

生产性生物资产净值875 369.30元，较年初428 882.50元增加446 486.80元；主要变动原因是新增购入未成熟蛋鸭66 651.68元，原有蛋鸭成熟转群。

（2）负债项目变动分析。

应付款项：期末余额558 000元，较年初600 000元减少42 000元；变动原因是按时偿还了部分供应商货款。

应付工资：期末余额102 960元，较年初51 480元增加51 480元；增长原因是养殖规模扩大，新增雇用临时工。

应付盈余返还：期末余额302 189.08元（上年无）；新增原因是根据成员大会决议提取盈余返还。

（3）所有者权益变动分析。

股金：保持稳定，期末余额1 362 600元，与年初持平。

专项基金：期末余额48 000元（上年无）；新增原因是收到政府专项补助资金。

盈余公积：期末余额306 821.78元（上年无）；新增原因是从本年盈余中提取盈余公积。

未分配盈余：期末余额0元，较年初-28 943.87元增加28 943.87元；变动原因是本年实现盈利弥补了上年亏损。

5.本年未发生资产损失。

6.本年无以名义金额计量的资产。

7.其他事项。

（1）政府补助：本年度收到政府专项补助资金48 000元，用于养殖技术改良。

（2）盈余分配：根据成员大会决议，提取盈余公积306 821.78元，应付盈余返还302 189.08元，应付剩余盈余201 459.38元。

（3）生物资产变动：本年度新增蛋鸭存栏66 651.68元，成熟蛋鸭计提折旧2 782.63元。

8.未发生纳税调整事项。

9.无其他需要说明的事项。

附注编制人：×××

财务负责人：×××

日期：2024 年 12 月 31 日

项目实施

对于"项目导入"中的经济业务，相关处理程序如下：

第一步：成员出资业务

（1）业务分析：成员按章程缴纳出资款使合作社的资本增加；出资款转账存入银行使合作社的银行存款增加。

（2）记入项目和金额：银行存款10万元；资本10万元。

第二步：收到补助业务

（1）业务分析：补助资金到账使合作社的银行存款增加；该笔补助资金使专项应付款增加。

（2）记入项目和金额：银行存款20万元；专项应付款20万元。

第三步：一事一议筹资业务

（1）业务分析：因为一事一议资金尚未收款使合作社的应收款增加，同时使一事一议资金增加。

（2）记入项目和金额：应收款8万元；一事一议资金8万元。

第四步：银行借款业务

（1）业务分析：合作社从农商行借款使短期借款增加；存入银行账户中使银行存款增加。

（2）记入项目和金额：银行存款10万元；短期借款10万元。

德技并修

案例引入：鹏飞禽蛋专业合作社2024年遇到以下财务决策问题：由于春节临近，合作社社员提出将政府给予的冷链补贴剩下的钱用于支付春节福利。会计主管李梅拒绝了这一请求，并向社员解释了法律和政策规定，对冷链补贴进行专项管理，建立"补贴资金——设备采购"明细台账，留存设备验收影像资料。为了提升社员对财务规章制度的理解，李梅还经常钻研财务规章制度，举办相关培训，给社员讲解财务法规和财务知识。因为财务工作规范、核算准确，鹏飞禽蛋专业合作社得到了银行的追加贷款。

德育要素：守法合规　精益求精

职业点拨：会计人员的职业道德与专业素养直接影响财务工作的规范性和公信力。首先，遵守法规是会计人员从业的底线，必须时刻保持敬畏之心，严格按照国家法律法规和行业准则开展工作。在利益诱惑面前，会计人员应坚守原则，切勿为了一己私利而触碰法律红线，确保每一笔账目都经得起审计和检验。

其次，专业能力是会计人员从业的法宝，仅仅遵纪守法还不够，会计人员还需要具备扎实的专业知识和熟练的业务技能。会计人员应当深入理解财政政策，成为"财务政策翻译器"，确保补贴资金专款专用，避免挪用或滥用，从而提高乡村振兴等政策的执行精度，让国家惠农政策真正落到实处。

最后，守法合规不仅能维护政策信用，更能为合作社创造长远价值。账目清晰、核算公正，政府、银行和市场会对合作社的财务管理产生信任，这种信用最终会转化为更强的融资能力和更高的市场声誉，为合作社的可持续发展奠定坚实基础。

📝 项目测试

一、单选题

项目测试8-1

在线答题

1. 资产负债表反映的是合作社在某一特定日期的（　　）。

A. 经营成果　　　　B. 财务状况　　　　C. 现金流量　　　　D. 成员权益变动

2. 合作社的"货币资金"项目应根据（　　）科目的期末余额合计填列。

A. "库存现金""银行存款"

B. "库存现金""银行存款""其他货币资金"

C. "银行存款""应收款项"

D. "库存现金""存货"

3. "生产性生物资产净值"项目金额的计算方法是（　　）。

A. 原值+累计折旧　　　　　　　　　B. 原值×折旧率

C. 原值-累计折旧　　　　　　　　　D. 原值÷使用年限

4. 盈余及盈余分配表中，"经营收益"的计算公式是（　　）。

A. 经营收入+投资收益-经营支出-税金及附加-管理费用-财务费用

B. 经营收入-经营支出

C. 经营收入+其他收入-其他支出

D. 盈余总额-所得税费用

5. 成员权益变动表中，"专项基金"的增加可能来源于（　　）。

A. 成员出资　　　　B. 政府补助　　　　C. 经营收入　　　　D. 投资收益

二、多选题

1. 资产负债表的编制依据包括（　　）。

A. 资产=负债+所有者权益　　　　　　B. 收入-费用=利润

C.各科目的期末余额 　　　　　　　D.成员大会决议

2.盈余及盈余分配表中,"盈余总额"的计算涉及( )项目。

A.经营收益 　　　　　　　　　　　B.其他收入

C.其他支出 　　　　　　　　　　　D.所得税费用

3.成员权益变动表反映的内容包括( )。

A.股金变动 　　　　　　　　　　　B.专项基金增减

C.盈余分配情况 　　　　　　　　　D.固定资产折旧

4.财务报表附注须披露的信息有( )。

A.合作社基本情况 　　　　　　　　B.成员权益结构

C.重要资产项目变动 　　　　　　　D.未来经营计划

5.合作社的"存货"包括( )。

A.产品物资 　　　　　　　　　　　B.委托加工物资

C.生产性生物资产 　　　　　　　　D.消耗性生物资产

三、判断题

1.资产负债表是反映合作社某一会计期间经营成果的报表。　　　( )

2."应付剩余盈余"项目应根据"应付剩余盈余"科目的期末余额填列。( )

3.附注是财务报表的可选部分,可以不编制。　　　　　　　　　( )

4."资本公积"可以用于转增股金或弥补亏损。　　　　　　　　( )

5.合作社的财务报表只需要满足内部管理需求,不需要对外报送。( )

四、业务题

1.根据表8-11,编制2024年12月31日阳光合作社的资产负债表(简表)。

表8-11　　　　　　　**2024年阳光合作社科目余额表(简表)**　　　　　单位:元

科目名称	期末借方余额	期末贷方余额
库存现金	5 000	—
银行存款	50 000	—
应收款项	20 000	—
存货	100 000	—
固定资产原值	200 000	—
累计折旧	—	30 000
短期借款	—	40 000
应付款项	—	60 000
股金	—	150 000
盈余公积	—	25 000

2. 根据表8-12，编制阳光合作社2024年度的盈余及盈余分配表（简表）。

表8-12　　　　　**2024年阳光合作社损益类科目余额表（简表）**　　　　单位：元

科目名称	本期借方发生额	本期贷方发生额
经营收入	—	300 000
其他收入	—	20 000
经营支出	180 000	—
管理费用	30 000	—
其他支出	5 000	—
所得税费用	10 000	—
盈余分配（提取盈余公积）	15 000	—

3. 根据以下信息，编制阳光合作社2024年成员权益变动表（简表）：

年初余额：股金200 000元，专项基金0元，盈余公积0元，未分配盈余-10 000元。

本年增加：

成员新增出资50 000元（股金）。

政府补助形成专项基金30 000元。

从盈余中提取盈余公积15 000元。

本年减少：

盈余返还成员50 000元（从未分配盈余中分配）。

4. 根据以下信息，编写阳光合作社2024年度财务报表附注的简要内容：

（1）阳光合作社基本情况：股金总额250 000元，成员20人（农民成员18人），主营蔬菜种植。

（2）重要事项：

收到政府补助30 000元（专项用于购买农机）。

提取盈余公积15 000元，盈余返还成员50 000元。

固定资产变动：新增农机原值50 000元，累计折旧5 000元。

项目评价

本项目评价见表8-13。

表8-13 项目评价表

项目名称		财务报表的编制			
	评价要点	评分标准		学生自评（50%）	教师评价（50%）
知识掌握（30分）	理解财务报表的基本概念、分类及作用（10分）	·优秀（8~10分）：理解财务报表及附注的概念和作用，掌握财务报表及附注的编制方法 ·良好（5~7分）：基本掌握但存在细节疏漏 ·待改进（0~4分）：概念模糊，对编制方法不理解			
	掌握财务报表的结构与编制逻辑（10分）				
	明确财务报表附注的功能及其对表内项目的补充说明作用（10分）				
技能提升（40分）	能够准确编制财务报表及附注（10分）	·优秀（8~10分）：报表及附注项目内容无错误，计算结果正确 ·良好（5~7分）：项目、数据有1~2处错误，计算逻辑正确且结果偏差不超过5% ·待改进（0~4分）：项目、数据错误多于或等于3处，计算逻辑混乱			
	能够准确编制合作社的资产负债表（10分）				
	能够准确编制合作社的盈余及盈余分配表（10分）				
	能够准确编写合作社的财务报表附注（10分）				
素质养成（30分）	具有严谨细致的职业态度（10分）	·优秀（8~10分）：案例分析决策合理，意识到财务工作需要严谨细致、守法合规以及精益求精 ·良好（5~7分）：能完成基础分析但不够全面 ·待改进（0~4分）：决策违背职业伦理			
	具有守法合规意识（10分）				
	具有精益求精的精神（10分）				
综合评价成绩（100分）					
学生自评：			学生签字：		
教师评语：			教师签字：		

主要参考文献

［1］李国柱，张县平．农民专业合作社会计制度实务精讲［M］．北京：中国财政经济出版社，2022．

［2］胡兴华，郭云波．新农民专业合作社会计制度讲解［M］．北京：中国财政经济出版社，2022．

［3］王玉华，贾晓娟．农民专业合作社会计实务［M］．北京：中国农业出版社，2017．

［4］吴玉平，唐俊杰．农民专业合作社财务核算与管理［M］．北京：中国农业科学技术出版社，2021．